ダンナさまは幽霊

［原作］流光七奈
Nana Ryuko
［漫画］宮咲ひろ美
Hiromi Miyasaki

天国から愛をこめて

イースト・プレス

プロローグ

こんにちは！ ボクは「ハカセ」(通称)ともうします 8年の闘病の末 最愛の奥さんを残して この世を去りました
現在はここ天国で理想の家を持ち 悠々自適に暮らしています
死んだばかりの頃は
あの世になんか行きたくない！
成仏なんてしないからね！
ハカセ…
なんて言って七奈ちゃんを困らせてしまいました
あっ！「七奈ちゃん」ていうのは
占い師をしているボクの奥さんで
視《み》える占い師 流光《りゅうこう》七《な》奈《な》です
幽霊になったボクの姿が視えるんです！
そんな七奈ちゃんについつい甘えてしまって
成仏のことはあとでゆっくり考えよっか
そうする！
ヤッター

幽霊のボクと七奈ちゃんの奇妙な生活がスタートしました
おはよー
おはよう よく眠れた?
生前と変わらぬ生活ができるなんて本当に夢のようだったけど
晩ごはん なに食べたい?
七奈ちゃんが作ってくれるならなんでも! カレーとか?
カレー?
ボクがほかの男性にヤキモチをやくようになったり
なんでほかの男の人を家に連れてきたの!
友だちなの!
七奈ちゃんもお友だちと遊びに出かけることを遠慮したりして
!?
誰からメール?
なんでもないよ!
「またの機会にでも…」っと
時が経てば経つほど自分がなんの役にも立てないふがいなさを痛感
これってお互いにとって幸せなのかなぁ…
そんななか ボクの三回忌が近づいてきました
そろそろか…
成仏していない霊にとって三回忌は重要な意味があります

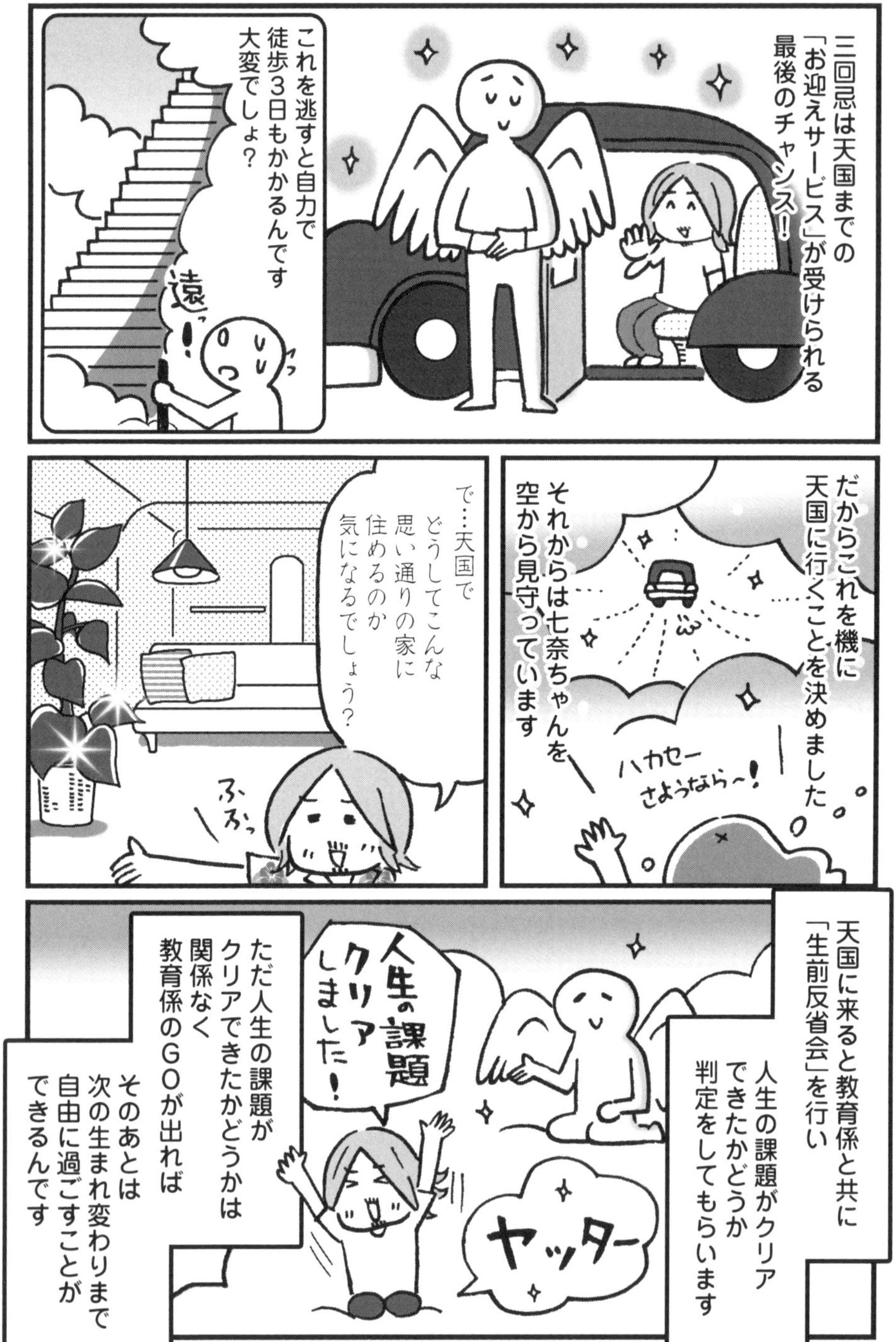

三回忌は天国までの「お迎えサービス」が受けられる最後のチャンス！
これを逃すと自力で徒歩3日もかかるんです大変でしょ？
遠っ
だからこれを機に天国に行くことを決めました
それからは七奈ちゃんを空から見守っています
ハカセー さようなら～！
で…天国でどうしてこんな思い通りの家に住めるのか気になるでしょう？
ふふっ
天国に来ると教育係と共に「生前反省会」を行い
人生の課題がクリアできたかどうか判定をしてもらいます
ヤッター
人生の課題クリアしました！
ただ人生の課題がクリアできたかどうかは関係なく教育係のGOが出れば
そのあとは次の生まれ変わりまで自由に過ごすことができるんです

天国ではなんと！
健康だった頃の自分で好きな髪型 好きな服装
好きな場所で好きなことをして過ごせます
ボクのマイブームは
お気に入りのアロハを着て
アロハシャツ大好き♡
自作のテラスで美味しいコーヒーを飲みながら読書
最近覚えたパソコンで音楽制作が楽しい！
人生をまっとうして生き抜いたからこそなのです
天国にいると魂が浄化されてピュアな状態になっていくんです
ストレスも 争いもない 満ち足りた世界！
心が癒やされ幸せな気持ちに満たされると生きている家族や友人の幸せを心から願えるようになります

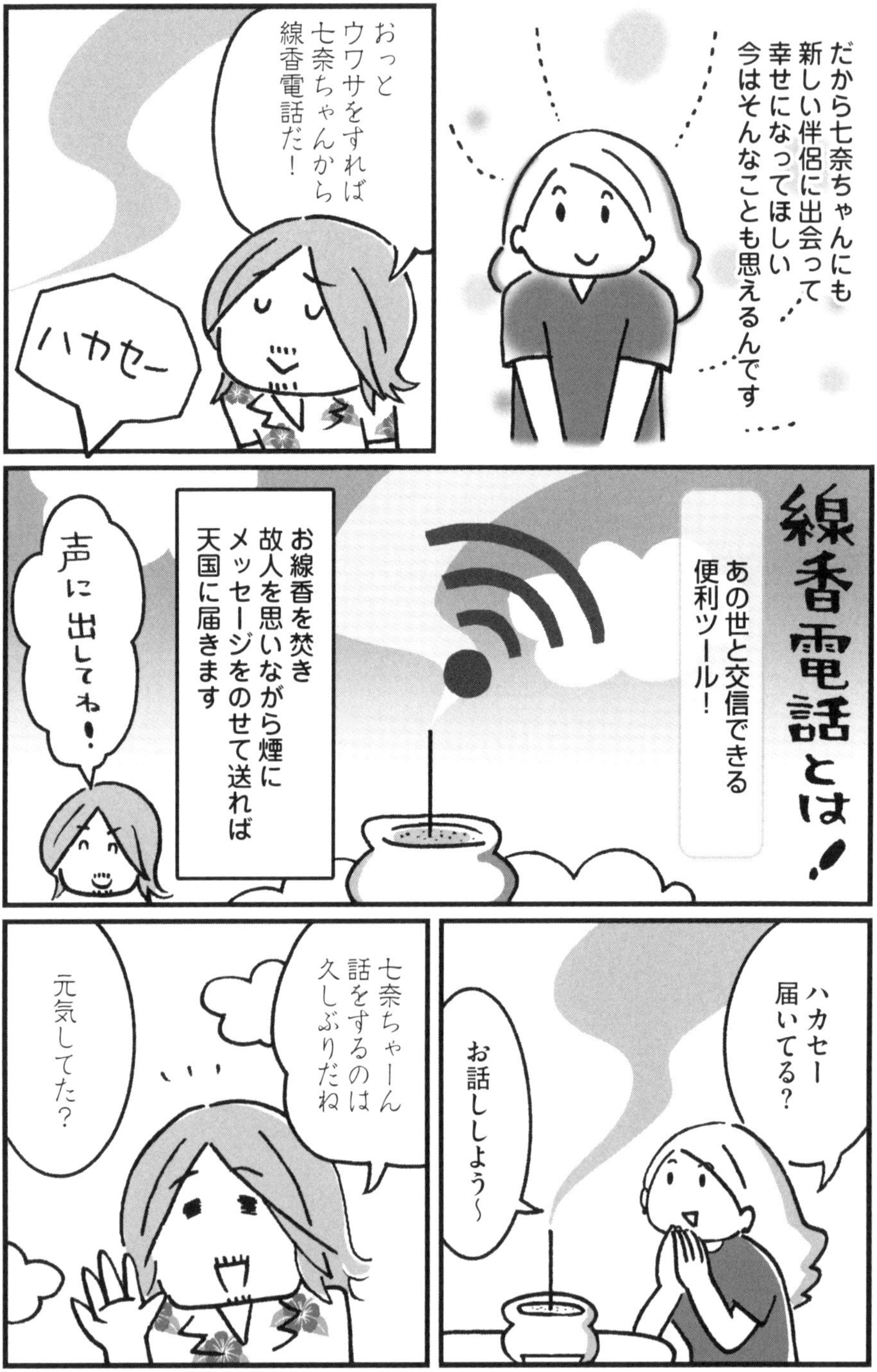
だから七奈ちゃんにも新しい伴侶に出会って幸せになってほしい今はそんなことも思えるんです
おっとウワサをすれば七奈ちゃんから線香電話だ！
ハカセー
線香電話とは！
あの世と交信できる便利ツール！
お線香を焚き故人を思いながら煙にメッセージをのせて送れば天国に届きます
声に出してね！
ハカセー届いてる？
お話ししよう〜
七奈ちゃーん話をするのは久しぶりだね
元気してた？

私から線香電話がなくて寂しかったでしょう
ニヒヒー
いつも1日あったこと報告くれるでしょ？だからそんなに寂しくないよ
そっか
聞いてくれてたのねありがとう！
線香電話できないくらい充実していてなにより！
それで今日はどうしたの？
そろそろ「あの世レポート」のネタあるんじゃないかなと思って連絡してみたの
みなさんもあの世のこともーっと知りたいですよねっ
あの世レポートまだまだあるよ～
これから七奈の運命の歯車が大きく回り始めるのをハカセは空の上から見守ることになるのでした

もくじ

My Husband is a Ghost

第1章

あの世へ行く旅の身支度

幽霊ギタリストの恒例ライブ

ふむぅ
先日川上さんに頼まれて一緒に氏神様へ参拝した時起きたこと
あれってなんだったんだろう…
つん
七奈は「あること」がずっと気になっていました
先日のこと
今日は参拝につきあってもらいありがとうございます!
川上さんはハカセとも面識がありハカセの死後も七奈が公私共にお世話になっている友人です
氏神様も川上さんのお仕事と健康を見守ってくださると思いますよ
ハカセも同行

ぱんぱん
さてと…
じゃあ行きましょうか
はいっ
七奈ちゃんあれ見て！
ちょっと…
参拝を終え帰ろうとした時
弁天様!?
子どもの星が来る！
……っておっしゃったのよね
子ども…？
う～ん

推理中
ハカセもいないから私のことではなさそうだし
てことはー
川上さんに恋人ができて ⇦ 結婚 ⇦ お子さんを授かる
というのが自然よね
でももうひとつ 東洋の占いでは「子ども」の解釈として衣食住の財や芸などの意味を示すこともあるから
衣・食・住には困らない!
「仕事が安定する」というとらえ方もあるわね
となると車の中で見たアレは?
ひとつどうしても腑に落ちないことがありました
氏神様をあとにして川上さんに車で送ってもらう途中
七奈さん! ボクの見間違いでしょうか
後部座席に…
え?
後部座席?

ママ
ボクね
生まれてくるの
待ってるの
ママ!
そこには小さな男の子がいて「ママ!」と言ったのです
あれって
私に向かって言ったの?
それとも川上さんの
未来の子ども??
魂レベルの人たちって
どうしてももっと
わかるように言って
くれないのかしら!
神様や霊からのメッセージは抽象的で解釈が難しいことが多いのです
笑顔のみ
父
先生!父は何を!?
魚?なんだろ…
お父さんの意図が
読めないわ
ハハ…
霊能系カウンセラーあるある~
それとも
川上さんの子どもを
私が授かる?
う〜ん?
いやー
それはないでしょ
ははっ
今誰かと恋愛とか
考えられないし
ましてや子どもなんてね

あれこれ考えても仕方ないか…
ニャーン
（そうだよ～）
そんなことより
そうそう！これを進めなきゃ！
今年もハカセのメモリアルライブ
レイリーフェスの開催準備！
生前ハカセと七奈が主催していた年に1度のイベント それがレイリーフェス
ハカセ亡きあとは「メモリアルライブ」として復活し 七奈がひとりで準備をしていました
あれから毎年がんばってきたけど…
私も仕事が忙しくなって今回ひとりだとちょっと心配だわ…
やることリスト
企画 出演者交渉 演奏曲の選曲 チラシ作り ケータリング手配…
ひえ～やることいっぱい！
カチッ カチッ

若干の不安
あと1カ月もないのに
間に合うのか？
私……
ゴクリ…
ほわん
思い出した！
そういえばあの時
ハカセが亡くなって最初の
メモリアルライブ会場で
こんばんは！
川上さん！
今日はハカセのために
盛り上がって
くださいね～！
Live
ライブの準備
七奈さんひとりで全部
やったんですか？
すごい！
ハカセが楽しみに
してるんで
がんばっちゃい
ました！
Live

開催すれば仲間が集まってきっとハカセのことを思ってくれるでしょう？
Live
毎年夫婦で楽しみのイベントだったから大変でも今後も続けていきたいんです
でも七奈さんこれひとりじゃ無茶ですよ！
大変な時は声かけてください！
会社も近いし遠慮なく！
あの時たしかそんなことを言ってくれてたんだ…ハカセに相談してみようかな
ハカセ――
今年もメモリアルライブやろうと思うの
もうそんな季節か～嬉しい！楽しみ！

そういえばさ
初めてのメモリアル
ライブの時のこと
覚えてる？
ボクが夢中で演奏してたら
ボーカルの子に聞こえちゃったり
どこから聞こえる
音だ？
？
心霊写真デビューしちゃったり
嬉しさのあまり
写っちゃった
顔の輪郭
ないのが残念っ
オカルト現象って
ゆーの？
起こしすぎ
ちゃった的な？
あの時
おもしろかったよネ～
まんざらでもない
でねっ ハカセ
実は相談があるの
イベントの準備
ひとりだとちょっと大変で…
だから川上さんに手伝って
もらおうと思うんだけど
いいかな？
もちろんだよ！
？
なんでそんなこと
わざわざボクに聞くの？

だってこのイベントは私たち夫婦の楽しみだったから…
本当は私がハカセの分までがんばって完成させたいんだけど現実はやっぱり……
そっかボクがいなくなったあとひとりで大変だったんだね
七奈ちゃん ボクはね もうそっちの世にいないボクのために毎年イベントを開いてくれる家族
そして集まってくれる仲間がいるだけですっごく幸せなんだ
その仲間が忙しいなか時間を作って準備を手伝ってくれるなんて
こんなに嬉しいことはないよ
なによりイベントのせいで七奈ちゃんが大変な思いをするのはイヤだよ!
ひとりでがんばろうとしないで頼れる人がいればどんどん頼ってね
ありがと!

じゃあ川上さんにお願いしてもいいかな
うんうん！そうしな～ボクも集客をがんばるよ！
？
演奏観に来てねーん
THE ささやき作戦！
ライブ会場で会おうぜ！
ん？
じゃ早速電話をしてみ……
おっと…誰からかしら…
プルルルルル！
はいっもしもし
川上です
先日 七奈さんメモリアルライブを開催するって言ってましたよね
ええ実はそのことでお話が…
今年はライブの準備ぜひ手伝わせてください！

またひとりでがんばろうとしてるんじゃないかと思って
ハカセ？ハカセが電話しろって働きかけたの？
ブンブン
ボクなんにもしてないよ！
ありがとうございます！実はちょうど今お手伝いをお願いしようと思ってたところです！
よろしくお願いします！
ふんふん
そうでしたか
ホッ
よかった！お手伝いしてくれるのが川上くんなら安心だ！
では打ち合わせ日決めましょうか
えーっとご都合は？
じゃあボクはギターの練習しよっと！
フーッ
最近全然弾いてなかったからね〜
腕が鳴るゼ！

あなたも実は霊能者かもしれない!?
七奈のオフィス
流光七奈
OFFICE
こんにちは！
ガチャ
川上さん！
秘書ゆうちゃん
今日はメモリアルライブの打ち合わせでしたよね
先生あちらでお待ちです
3時の休憩中でした？
ちょうどよかったこれみんなで食べましょう
patisserie M
ごちそうさまです！
いつもありがとうございますぅ
嬉しそう〜

七奈さん こんにちは
このたびはメモリアルライブのお手伝いを買って出てくれてありがとうございます
正直ひとりじゃ限界を感じていてどうしようかと思っていたんです
本当に無茶ですよ！
私も成功させるために無我夢中で…
ボクもイベント業は経験ありますしお役に立てると思います
それに
それに？
ハカセさんの生前こんなことがあったんです

それはハカセ生前最後の年に行われた音楽イベント「レイリーフェス」でのこと
川上くん さっきの演奏すっごくよかったよー
ハカセさん ありがとうございます!
今年も参加してくれてありがとね
こちらこそこのイベント毎年楽しみにしてるんで!
あのさぁ 川上くん
はい?

ボクもう人生残り少ないかもしれないからさ もしボクになにかあったら七奈ちゃんのこと頼むよ
七奈ちゃん ああ見えておっちょこちょいだし心配で……おちおちあの世にも行けないよ
……
ニコニコ
またまた～何言ってるんですか！
縁起でもない！
ハカセさんまだ50代ですよね？
少なくともまだ30年はこのイベント続けてくださいよ～
実はボクね

ガンなんだ
もう長くはないみたいなのだから頼むよ
ねっ
えっ！そんなことがあったんですか！
全然知らなかった…
でもどうしてボクにそんな大事なことを話してくれたのかなって
ハカセさんのことはもちろん知っていましたけどそんな大事な告白をされるほどの仲ではなかったんですよ
主催者と演者という関係
兼演者
なぜ川上さんなのか？
私の見立てではこうです

川上さんが
もしかしてハカセさん近くにいます？
おおっ
なんとなくですケド…
って私に聞くときかなりの確率で的中してるんです！
もしかするとハカセはそんな川上さんの霊能力に気付いていていて
川上くんならあの世へ行ったあともボクに気づいてくれそう！力になってくれそう！
なんて思っていたのかも！
それに氏神様の帰りにもハカセの声がハッキリ聞こえたって言ってましたよね
七奈ちゃんを頼んだよ
はい！
なにげに2度目ですねっ
そうかボクハカセアンテナの感度が高いんだきっと！
この日のためにハカセがレールを敷いてくれたのかもしれないですね
ですね
お茶入りました～
川上さんからいただいたケーキでーす
patisserie M
おいしそ～
このケーキもしかして
パカッ

駅前のパティスリーMのですか?
そうですけどどうかしました?
ここのケーキハカセがいちばん好きなお店のなんですよ
大好き♡
patisserie M
ハカセアンテナですねっ!
えっ…
ボク霊能の道極めちゃおうかな〜
ははっ
極めるまでに…いろーんなものが視えちゃったりしますけど大丈夫ですかぁ〜?
ふっふっふっふっ
ふっふっふっふ…
私もよーく先生から聞いてますから〜
えっ! こわ! それってどういうことですか

幼少時代 視たくもないのに
視えてしまうのは
苦痛以外の何物でもなくて
視えてるんでしょう?
ゾッ
若い頃の七奈
こんな力いらない!
って毎日思ってました
霊能とは違う道に進もうとしても
私は普通に暮らしたい!
あらっ どうしたの?
足が痛いの 頭も痛いの
お姉さんがお話聞いてあげる!
事故死かしら…
結局また霊能の道へ戻されてしまうんです
これは私のお役目なんだと受け入れ
この道に進むことを決めました
それから先輩霊能者に指導を受けて力をコントロールできるようになったんです
それまでは――
街角で血だらけの人が視えちゃったりしますけど それでも霊能極めます?
極めません!
ハカセアンテナだけで十分です!

でもね「プチ霊感」は
少なからずみんな
持っているもの
なんですよ
ふと頭に浮かんだ人から
電話が来るとか
友人A子
ピローン
A子
相手の欲しいものが
なんとなく
わかってしまったり
これ
欲しかった
んだ～
なんで分かったのマン
偶然と思っていることが
案外ちゃんと
「視えて」たりする
場合があるの
頭に浮かぶ人もいれば
直感的にわかるとか
人それぞれだけどねっ
で……
ひとつ残った
この
ケーキは？
あら3人なのに
4つ…
おかしいな
どうして4つ
買ったんだろ
あっ
ハカセさんの
分!?
ハカセに
食べて欲し
かったの？
ハハッ
ハカセアンテナ
ききすぎですね
やったー

魂は自分がこの世を去る日を知っている？
ハカセったら亡くなる前に
ボクが死んだら七奈ちゃんを頼むね
なんて川上さんにお願いを…
私のことそんなにも心配してくれてたのね♡
聞いちゃった❤
ねーハカセ！
しっかりいただいてきた
はてボクそんなこと言ったかなぁ？お酒飲んでたしよく覚えてないや
ケーキおいち❤
え～！
てことは無意識で言ってたの？
そういう話ほかにも聞いたことあるわよ！

亡くなる前の不思議な行動アルアル！
無意識
鑑定に来られたお客様の体験談によると
死んだ主人が―
普段やらないことを思い立って急に始めたりするそうです
部屋の片づけを始めたり
これは処分
故郷に帰りたがる
墓参りしたら帰るよ
また急に!!
いろんな人と会う機会を作る
久しぶりー今日時間あるかい？
おう！
など
振り返ってみると自分が死ぬ日を知っていたかのような行動だったと気づきます
お父さんそういうことだったんですね
言われてみればボクもそうだったね

ハカセが亡くなる半年前
たくさん開いた
ホームパーティ
思い立ったように行く
仲間と旅行
いってきまーす
あともうひとつ不思議なことがあったわよね！
ハカセが亡くなる1カ月前
夕食中～
ねぇねぇ
ミキちゃん元気かな？
急にどうしたの？
ミキちゃんてライターやってるあのミキちゃんのこと？
ミキちゃんとは
職業はライターでありながら演者としてライブにも時々参加
当時ハカセと七奈は顔見知り程度の存在でした
会いたいな！会いに行こう！
いいけどー
今までそんなに深いつきあいじゃなかった人なのにどうして？

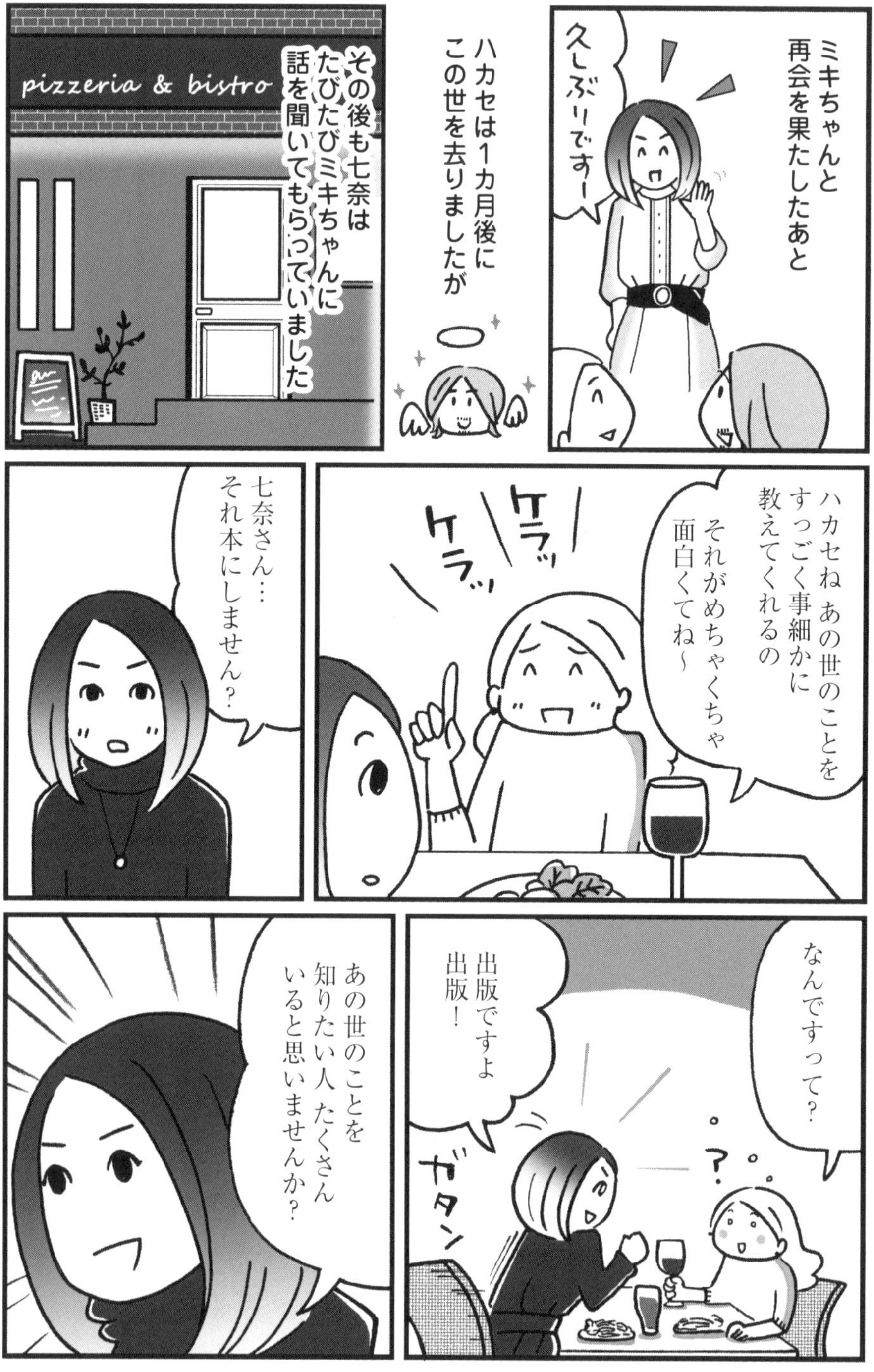
ミキちゃんと再会を果たしたあと
久しぶりですー
ハカセは1カ月後にこの世を去りましたが
その後も七奈はたびたびミキちゃんに話を聞いてもらっていました
pizzeria & bistro
ハカセね あの世のことをすっごく事細かに教えてくれるの
それがめちゃくちゃ面白くてね〜
ケラッ
ケラッ
七奈さん…それ本にしませんか？
なんですって？
出版ですよ出版！
ガタン
？
あの世のことを知りたい人たくさんいると思いませんか？

愛する人を亡くして残された人の希望にもなります！
死後の世界を正しく伝えて死をむやみに恐れる必要はないってことも伝えたいです！
あの世の情報を幽霊のダンナさまから直にもらえるんですよ？こんな画期的なことないですよ！
ライター魂！
そんなミキちゃんの熱い情熱でこの『ダンナさまは幽霊』は生まれたのよね
ダンナさまは幽霊
体は消えても、そばにいるよ
あの時ミキちゃんに会っていなかったらハカセレポートもたくさんの人に読んでもらえてないもんね
うん！ボクも本当に嬉しいよ！

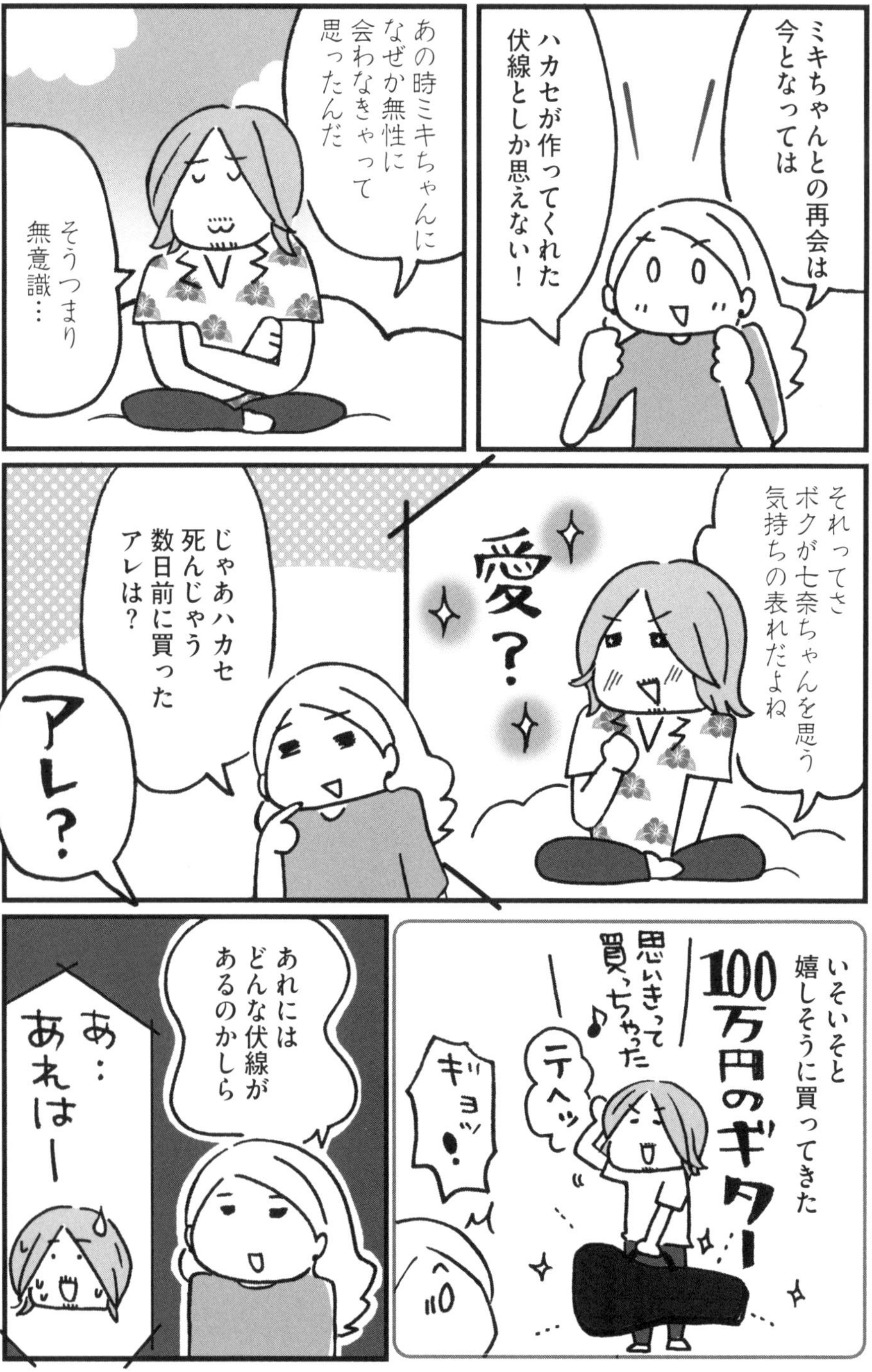

ミキちゃんとの再会は今となっては
ハカセが作ってくれた伏線としか思えない！
あの時ミキちゃんになぜか無性に会わなきゃって思ったんだ
そうつまり無意識…
それってさボクが七奈ちゃんを思う気持ちの表れだよね
愛？
じゃあハカセ死んじゃう数日前に買ったアレは？
アレ？
いそいそと嬉しそうに買ってきた
100万円のギター
思いきって買っちゃった♪
テヘッ
ギョッ！
へ
あれにはどんな伏線があるのかしら
あ…あれはー

あの日はすこぶる体調がよくて
お気に入りのギターショップに
行ったの
そしたらずっと欲しくて
探し続けていた
ギターを見つけたんだ
バーン
Special price
¥1000000
パャー
やっと出会えたおまえを
手にせずあの世になんて
行けない！
こいつを弾き倒すまで
絶対に死なないぞ！
死ぬ前の記念でも
ヤケクソでもなくて
ボクなりの生きる意欲の
表れだったんだよ〜
まさか
それから
数日後に
死んじゃう
なんてねー
そうだったのね
今は私の大切な
形見だよ
魂はこの世を去る日を悟り
無意識に天国に旅立つ準備を
始めるのかもしれません

ハカセの「あの世レポート」1

あなたのこの世の使命とは

『ダンナさまは幽霊』のなかで「人はみな、なにかしらの使命（課題）を持って生まれてきます」とお話しして以来、七奈ちゃんのもとに「私の使命とはなんでしょう」というご相談が増えているそうです。実はその答え、みなさん既に自分で感じていることなんです。

　これまでの人生を通じて、ほかのなによりも興味があることや、得意だと感じること、ありませんか？　それらは、この世で勉強するために与えられたアイテム。つまり使命のひとつです。使命ですから、地道に続けていくほど、上手くまわっていきます。

　反対に、苦手なことや興味が湧かないことは、すでに前世でクリアできていること。今世では無理をしてまでやらなくていい、という暗示です。好きなことをやっても苦労や失敗はついてきますが、好きでやっていることなら、不思議と乗り越えられちゃいますよね。

　もしも強制的に終了させられたり、そうせざるを得ない状況に運ばれたりする時は、そうなるべき運命の理由があります。そこだけをピンポイントで考えると、その時は不幸な出来事だと感じるでしょう。でもそれは、将来のために必要な強制終了です。受け入れて前へ進んでいけば、必ず「あの時の強制終了は、この日の成功のためだったんだ」と思える日が来ますよ。

第2章

ペットとつながる魂レベルの絆

そのしぐさ、
愛するペットの
生まれ変わり!?
メモリアルライブの準備を進めつつ 日中は鑑定や取材など忙しい日々を送る七奈
では川上さん またのちほど打ち合わせしましょう
先生 鑑定のお客様がお見えですー
はーい
ではお部屋にどうぞ
失礼します
はじめまして 風間ともうします
こんにちは! どうぞこちらに

あのう…人ではなく飼っている猫のことなんですけどいいですか？
『ダンナさまは幽霊』の出版以降愛するペットを亡くした方からのご相談も増えています
もちろんですよ！
猫ちゃんは私も大好きです！
私も一緒に住んでいますし保護猫活動もしているんですよ
よかった！
で……この子なんですが
拝見します
かわいいですね！お名前は？
これは三毛かな〜？

「ベロア」っていいます
ベロアちゃんかわいい名前ですね
実はこの名前この子がわが家に来る前にうちに住んでいた猫ちゃんの名前でして…
先代の猫ちゃんベロアみたいな気持ちのいい手触りの子だったとか？
そうですそうなんです！ロシアンブルーの子で
もうふわっふわで気持ちよくて
毛の質感がまるでベロアみたいだったので名づけました
そうなんですね会ってみたかったです先代ベロアちゃん♪

それで あのう……
この写真の 今一緒に暮らしている ベロアは 先代ベロアの 生まれ変わり なんじゃないかなって
どうしてそう 思われるんですか？
先代のベロアを 老衰で亡くした時 あまりの悲しさと喪失感で もう二度と ペットは飼わないって 心に誓ったのですが…
ベロアが亡くなってから 数年経ったある日…
風間さーん！ こんにちは
あら お隣の…
ちょっと相談が あって来たの

えっ
子猫の引き取り手？
公園で保護されたその子猫
今近くの派出所にいるんだけど
なかなか引き取り手が
見つからないの
あと3日で処分場に
送られてしまうらしくて
ウチは娘が
猫アレルギーで
飼えなくてねぇ…
チラ
風間さんに
引き取ってもらえたら
いいなと思ったんだけど
どうかしら
せっかくですけど…
ペットはもう
飼わないって
決めたんです

無理言ってごめんなさいね
こちらこそお役に立てなくてすみません
ピシャン
私はもうペットは飼わない
あんなつらい思いはもう2度としたくない……
でもあと3日で処分されてしまう
たまたま公園に捨てられ保護されただけなのに？
本当に私これでいいの？
気になる……
いそいそ
KOBAN
ココだっ
110番
あの～こちらに保護された子猫がいると聞いたんですが
ガラッ

よかったら
なでてみますか？
ほーら
トコ…
あれっ
人なつっこい子
だなぁ
すり～
ぴょん

ちょこーん
………
お巡りさん!!
ハイッ
私が引き取ります！
今家からキャリーバッグ
持ってきますんで！
ちょっと待ってて下さい！
えーと…一応
身分証明できる
もの持ってます？
気がついたら家に
連れて帰ってました
ガッガッ
猫ちゃんの命が人間と
同じくらい尊いこと
誰よりも知って
いますもんね
それは放って
おけないでしょう

それで不思議だなと思ったのが
派出所でこの子に会った時
ぴょんと肩に乗ったしぐさが
重い
先代ベロア4キロ
先代のベロアが
いつも私にしてたことと
まったく一緒だったんです
この子もしかして
ベロアの
生まれ変わり？
直感的にそう思って
名前も同じベロアと名づけました
ちょん
今日からキミの
名前は
「ベロア」だよ
でも生まれ変わりなんて…
種類も違うから
やっぱり私の思い込み
なんでしょうか…
ペットが生まれ変わって
飼い主のところへ戻る
ケースはよくありますよ

もしかして食べ物の好みも先代ベロアちゃんと同じじゃないですか？
そうなんです！今のベロアも先代のベロアもニンジンが大好きで！
すりおろし
むっしゃー
先生それってやっぱり…？
そうですね この子は先代ベロアちゃんの生まれ変わりです
どうやら風間さんを心配して早めにこの世に戻ってきたみたいです
私を…心配してですか？
先代ベロアちゃんは自分のせいでいつまでも悲しむ風間さんを心配していたんです
なんとかもう一度風間さんのもとに戻ろうと
もう1度ママのところに行くでち！

ベロアちゃんは
アナタの近くに生まれて
きたんだと思います
処分されるかも
しれない捨て猫に
なってまで…
ああ
ベロアごめんね
そうでももしなければ
風間さんが生まれ変わった
ベロアちゃんを飼おうと
しないってこと
わかっていたんでしょう
これは誰にでも
叶えられることでは
ないですよ
またベロアちゃんと
一緒に暮らせるように
なってよかったですね！
ベロアに感謝です
ママもう泣かないよ
もう大丈夫ニャ！
風間さんのもとに
生まれ変わった理由が
あともうひとつ！
スリスリなでなで
たくさんして
ほしいって！
えっ⁉

愛する飼い主さんに
もっとなでなでしてほしい！
そんな思いを残して
亡くなった子は
もっとママにさわって欲しいのニャ～♥
体を持って
また同じ飼い主さんのもとに
生まれ変わることがあるんです
そうだったの？
ベロア！
そうだよ！
ああ～もう
早く帰って抱きしめて
なでなでしたいです！
ママ～早く!!
早く帰って来てェ～
家で待ってる
ベロアちゃんの
想念が伝わって
きます！
ペットとして生まれてくる
動物は 出会う飼い主と共に
魂の成長をするため
飼い主や環境も
あの世で決めて生まれてきます
そばにいて癒やしあい 支えあい
飼い主との絆を深めあう
ソウルメイトのような存在でも
あるのです
ペットとのご縁も
一期一会
この世のふれあいを
大切にしてくださいね

亡くなった飼い主と暮らす猫
風間さんの鑑定後
風間さん
前にいた猫ちゃんの
生まれ変わりかどうか
知りたいとありましたけど
解決しました？
鑑定依頼
メール
うん！
風間さんの勘
当たってたわよ
そうだったんですか！
そういう話を聞くと
やっぱりペットと飼い主は
見えない絆でつながってるん
だなってしみじみ思います
先日の
「鈴木山《すずきやま》さんの話」
みたいに
そうね あの時も…

それは 七奈が保護猫活動をしていると知り近所のアパートの管理人が訪ねてきた時のこと
忙しいところすみません
はーい！
私向かいの大曽野アパートの管理人なんですが
先ほどお電話いただいた！
先日ウチのアパートで亡くなった住人が猫を3匹飼っていたんですが
猫が部屋からなかなか出て行ってくれなくて困っているんです
なんとか出してもらえると助かるんですが
それは大変ですねすぐにお部屋を見てみましょう
よろしくお願いします！
その住人は2週間ほど前脳梗塞《のうこうそく》で倒れそのまま亡くなってしまったというのです
こちらです
ハイッ
どうぞっ
お邪魔しまーす

お部屋の荷物はすべて出されているんですね
はい 業者の方に来てもらってますから
ああ あの子たちね
この子たち掃除中は大バトルで大変でした！
ひっかくな！
ケリケリケリ
そのあと外に出しても戻ってきちゃうんです
あ
しれっ
なんだかムリヤリ連れ出すのもかわいそうになってきまして

きちんと保護してもらうのがいちばんいいだろうと流光さんに頼った次第です
そうでしたか
うーん…
じっ
鈴木山さんはまだここにいらっしゃいます
自分が死んでしまったことを自覚していませんし
猫ちゃんたちもまだ鈴木山さんが生きてここにいると思ってます
ええっ私 幽霊とかそういうの苦手で！
お任せします！私はあっちで見てますから
わかりました終わったらお呼びしますね

さてとまずは
この状況を
鈴木山さんにわかって
もらいましょう
こんにちは！
ちょっと
お邪魔しますね
誰だ
管理人さんの
知り合いの者です
かわいい猫ちゃん
たちですね
のび〜
そうだろ私の
自慢の子たちだ
ニャーン
ニャーン
鈴木山さん
あのーぅ
その子たちを
今日から私に
預けてくれませんか？
ゴロ
ゴロ
なにを突然！

今日会ったばかりの
あんたにかわいい我が子を
差し出す親がどこにいる！
ごもっとも…
プイッ
鈴木山さん
驚かれるかもしれませんが
聞いてほしいことがあります
実は鈴木山さんは
もうこの世にいないんです
なにを言ってるんだ
頭がおかしいんじゃ
ないか？
あなたは2週間前 こたつにいて
立ち上がろうとした時に
脳梗塞を起こしてそのまま
亡くなってしまったんです
そんなバカな
意識もはっきりしているし
猫たちとも普通に…

鈴木山さん今日が何日かわかりますか?
新聞 4月3日
4月3日だ
いいえ今日は4月18日です
鈴木山さんは亡くなった4月3日から時が止まっているんですよ
はぁっ
またそんな冗談を…
はぁっ
鈴木山さん猫ちゃんを見てくださいごはんをくれる人がいなくなってこんなにやせ細ってしまいました
大好きなあなたを慕ってこの子たちはずっとここにいようとしていますでもこのままではこの子たち死んでしまいますよ

嘘だ！
だいたいあんたとも こうして会話してる じゃないか！
それに この子たちだって 私が見えている！
なー♥
ゴローン
私は霊能者です！
今あなたの魂と お話をしています
そして この猫ちゃんたちは 霊感が強いから あなたの魂が 視えているんです
そういえば あの日…
4月3日
これは息子の写真なんだ 子どもの頃しか 知らないけどな
すんすん

無性に顔が見たく
なっちまった
結婚して子どもが
生まれたって聞いた…
孫の顔も
見てみてぇ
なぁ
ニャーン
ニャーン
メシか！
今やるから
待ってろ
よっこいしょ…
痛っ！
ドサッ！
あの日私は…

そうか
思い出したぞ
するり
ガラーン…
私は…
死んだんだな…

わかって
いただけました？
あぁ…
そうだ！
別れた妻に引き取られた
息子がいるんだが
このことは知って
いるんだろうか
はい
息子さんがお部屋の
清掃業者を頼んで
くれたそうです
息子に最後まで
迷惑を
かけちまった
はぁ…
あのバラの花
先日 息子さんが
ここに置いていった
ものですよ
お父さんのこと
大切に思っていたんじゃ
ないでしょうか
お父さんの
好きな
花は？
バラが
好きだよ

鈴木山さん！
この猫ちゃんたちには
まだ命があります
この子たちを
私に預けてください！
責任を持って
安全な場所で暮らせるように
私が約束しますから！
この子たちはひとりぼっちの
私をいつも励ましてくれた
かけがえのない子たちだ
ニャーーン
もともと野良猫で
かわいそうな子だった
もう宿無しには
させたくねぇよ
こちらこそ
この子たちを頼む！
猫ちゃんたちの
新しい住所は
必ずお伝えします！
あれは
別れた妻か

ずっとここで待っててくれてたみたいですよ
先立っていた元妻さん
生前さんざん苦労をかけたのに！
あなた身寄りもないし迎えに来てあげたわよ
私も再婚しないでずっとひとりだったしね
オマエェェ！
いいから早く猫ちゃんにお別れしなさいな
ぐずっ
今までありがとな
新しい場所でたくさんかわいがってもらうんだぞ
その子たちをよろしく頼んだ
さようなら〜
そして鈴木山さんは天国に旅立っていきました

猫ちゃんたち
お父さんのそばにいたかったでしょうけど
まだまだ寿命があったからね
鈴木山さんの分まで生きてもらわなきゃ
みんなおウチ決まりました!
新しい飼い主さんとの幸せな関係を育んでほしいわ
いけない! 鈴木山さんに猫ちゃんたちの新しい住所教えるの忘れてた!
鈴木山さんに怒られちゃいますよ!
天国の管理人室
まったくもうあの霊能者さん!
あの子たちの居場所すぐ教えるって言ってたくせに忘れちゃってるみたいなんですよ! こちらでわかりますかね?
今晩「線香電話」しておこう…
ごめん鈴木山さん…
あの世に行っても猫ちゃん3匹の見守りなんて絆深いですねぇ~♡

ハカセの「あの世レポート」2

ペットは飼い主の身代わりを買って出ます

ワンちゃんや猫ちゃんなど、家族同様に暮らしているペットの動物たちは、飼い主に近寄る悪い気や念を、身代わりになって吸い取ってくれることがあります。ペットは、飼い主のちょっとした臭いの変化や仕草、放つエネルギーなどから、さまざまな情報を感じ取ります。介助犬が飼い主さんの病気を臭いで察知するのも、その一例です。

ペットと暮らしていると、自分の具合が悪い時、連動したかのようにペットも調子悪そうにしていること、ありませんか？　彼らなりに、飼い主を守ろうとして身代わりになっていることも多いんですよ。動物は人間よりも霊的エネルギーを感じやすく、大なり小なり、常になにかしら感じて過ごしています。それぞれ上手くつきあって生きているのですが、そのようなストレスは少ないに越したことはないです。

飼い主さんがペットにしてあげられるヘルスケアは、まずは体に害がない食事をあげること。次に、愛情をいっぱい注ぐこと。そして、週に1度でいいので、水晶でペットの体を数回撫でてあげると、体についている不要なエネルギーや念を水晶が浄化してくれます。水晶はほかの宝石を浄化する時にも使われるくらい自浄作用が強い宝石なんですよ。ぜひ試してみてください。高級な水晶でなくても構いません。ブレスレットや練り水晶などでも大丈夫ですよ。

第3章

七奈の思い、ハカセのメッセージ

この世とあの世でツインギター
メモリアルライブ前日
七奈と川上はライブスタッフと
最後の打ち合わせ
FOOD
ここに料理を―
これで完璧！
セットリスト
ケータリング手配
明日は盛り上がっていきましょー
よろしくお願いします
よろしくお願いしまーす

川上さん！
忙しいのにここまで協力していただいて本当にありがとうございます
いえいえハカセさんにお願いされちゃいましたもんね
七奈ちゃんのこと頼むね！
しかも生前と死後の2回も！
ホントにホントに助かりました！
これから食事でも行きませんか？
七奈さんと食事したいところですが
今日はゆっくり休んで明日のライブに備えましょう
そうですねっ

車で家まで送りますよ
車あっちです
ありがとうございます！
ヴォーン
どうなることかと思ったけど 無事に明日はライブ開催できそうだわ
川上さんがいてくれて本当によかった！
メモリアルライブ当日
本日のライブ
MEMORIAL LIVE
ガヤガヤ

奥にビュッフェがあります！
2階にはバーコーナーがあるのでご利用くださいね
おいしそう〜！
七奈と川上ががんばった甲斐もありたくさんの人が会場に集まってくれました
MEMORIAL LIVE
七奈ちゃん！
ハカセ〜久しぶり！待ってたよ〜
今年も始まったねメモリアルライブ！

たくさんの人が集まってくれて嬉しいよねこれもハカセの人柄…
あっ！
オオツカくんとノリくんも来てる！ヨシアキも！
うんうん
ボクの「ささやき作戦」の集客力もすごいや！
川上くんもがんばってくれてる
オーイ！
彼が手伝ってくれて本当によかったね
うん
開演

七奈さん！
ハカセさんも
来てるでしょう？
ボクたちもそろそろ
スタンバイしましょう
ほらハカセ
アンテナ
来てるよー
さすが！
もちろんハカセ
来てますよ！
メンバーみんな
そろってる？
イエーイ
さぁ
行きましょっか！
OK！
行くぜ！
ハカセ！
楽しもうね

お～ボクも
ノってきた～
本気
出しちゃうよ！
えっ・・
なんか
聞こえる？

ハカセさんの音が
聞こえる！
今一緒に
弾いてるんだ！
七奈ちゃん
ありがとう
川上くんも
ありがとね
メモリアルライブは大成功
大いに盛り上がり無事に
終演することができました
七奈ちゃーーん！

今日はもう大満足！
七奈ちゃんもお疲れ様
みんなにあいさつしたから
そろそろ帰るよ
そっか…
私まだ片づけが
残ってるの
ゆっくり話も
できなくてごめんね
ううん
七奈ちゃんも
疲れたでしょ
今夜はゆっくり
休むんだよ
本当に今日は
ありがとね！
またねー
またねー
また
連絡するね
ライブ翌日
もじもじ
お招きいただいて
ありがとうございます

しかもこんなに
たくさんの手料理まで！
今日はライブを
お手伝いしていただいた
お礼もかねてです
昨日は片づけやらで
ライブの余韻に浸る間も
なかったでしょ？
たしかに！
ゆっくりライブの感想
話したかったんです
そうそう！
ハカセさんの
ギターの音
聞こえましたよ！
はいっ
私も聞こえてました
あとお客さんの
何人かも聞こえてた
みたいですね
この世とあの世で
ツインギター！
いやぁ…
不思議な感覚で
貴重な体験でした
でもあのあと
ハカセさんは？

あのあとすぐ天国に帰っちゃいました
サイコーだったぜ ありがとう！
って川上さんに伝えてって
ハカセさんに楽しんでもらえてよかった！
七奈さん！
今回はイベントのお手伝いができて本当によかったと思ってます
でも素晴らしいライブになったのは七奈さんがものすごくがんばったからですよ
本当に本当にお疲れ様でした！
ふえっ…
わーん
ガッ
どうしました？ボクなにか変なこと言いました？

違うんです！
イベントが終わって緊張がほどけたんです
今回は私ひとりじゃ…川上さんがいなかったらライブの成功はなかったです
不安で不安でたまらなくてプレッシャーで押しつぶされそうでした
ハカセが死んじゃってからなんでもひとりでやらないといけなくて
強くならなきゃってがんばってたんですだけど……
本当はずっと寂しくて誰かに頼りたかったんです
七奈さん

七奈さんはひとりじゃないですよハカセさんがそばで見守ってるじゃないですか
そしてハカセさんから七奈さんを頼むよって託されたボクもあなたをいつも見守ってます
いや…託されたからでなく今は心から七奈さんの支えになりたいです
だからもっとボクに頼ってください
朝
おはようございます仕事なので先に出ます七奈さんもお仕事行ってらっしゃい 川上
チチチ
チチチ

七奈の予感、的中
あれから3カ月
本当はずっと寂しくて誰かに頼りたかったんです
川上さんに思わず言ってしまったあれが私の本当の気持ち？
ハカセが亡くなって以来ひとりで生きていく寂しさをずっと抱えていた七奈
そんな自分の本心に気づき戸惑いを覚えていました
いつの間にか川上さんが私を癒やしてくれる存在になってる

ハカセのこと
今も大切に思って
いるのに
こんなんじゃハカセに
嫌われちゃうな
でも…
私がこんなふうに
いつまでも
ハカセに
頼っていたら…
ハカセも
生まれ変わりの
準備ができなくなって
しまう
やっぱりボクが
ついてないと
ダメだな
だから私は川上さんと…
でもでも！
それって私の
都合のいいように
解釈してるだけ？
どちらにしても
私がこうして悩んでいること
ハカセは喜ばないよね
私はいったい
どうしたらいい？
バタッ
ぎゃっ！
先生どうしました!?

ごめんごめん
なんでもないわよ
もう
ビックリするじゃないですか～
顔色悪いですよ？
体調悪いんじゃないですか？
そ、そう？
ピローン
川上さん
こんにちは
夕食でも
一緒に行きませんか？
川上さん！
先生～
その頬の赤らみは
思いを寄せる人からの
デートの誘いですか？
ニヤリ
ちちち違うわよ！
なんでわかるの？
そんなに
否定するとかえって
怪しいですよ？
ていうかー
別にいいじゃないですか？

えっ？
だって先生はもう
ひとり身
なんですよ？
今この世に生身の体で
生きているのは
先生ご自身なんですから！
新しい彼ができたからって
ハカセさんが
反対すると思います？
天国にいるパートナーに
安心してもらうため
残されたものは幸せでいること
それが供養になるって
キョトン
先生がいつも鑑定で
おっしゃってること
ですよっ
ゆうちゃん
あなた…
カウンセラーに
なる？
なりませんっ！
私これから
女子会なんで！
お先に
失礼しますっ
シャキーン
お疲れ様ー
飲みすぎないでねー
私もそろそろ
帰るとしましょ…
あれ？
ヨロ…
ん…なんか胃が
ムカムカするわ

気持ち悪い…
そういえば最近体調がずっとすぐれなかったのよね
日中も眠いし
先生…原稿〆切り今日ですよぉ〜
フラフラ〜
普段気にならないニオイが気になることがあるし
炊き立てのごはんとか
そういえば生理も遅れて…
これってまさか
薬屋さん!
DRUGSTORE
薬
ただいまー
ゴハンちょっと待ってね
おかー
検査薬
99%以上の
CHECK
1分
ジャー

陽性判定
1分後
デター！
判定
終了
妊娠！
ドキドキ
あれは…
私のこと!?
子どもの星が来る
ニコ
病院に行かなきゃ…
視線…？

産婦人科
おめでとうございます
赤ちゃんですよ
本当ですか！
なに？ この…
なんとも言えない幸福感！
言い表せないほどの
喜びに包まれる感じ…
神様のお導きを
はっきり感じる
天国からやってくる
天の子…
素晴らしい！

お大事になさってくださいね
ペコッ
ありがとうございます
おなかに赤ちゃんがいるんだ…
←会計
お母さんになる人たち…
みんな私より若そうだな…
私は40歳後半の初産！母体にもリスクが大きいし
本当に私の体で産むことができるの？
生まれたとしても育てられる？
子どもが成人する頃にはもう還暦も越えてる！
ザッパーン
それにもしも川上さんが望んでいなかったら？
ええ？

子どもなんて…
困ります
シングルマザー？
高齢出産
将来
リスク
不安しかない！
高齢妊娠で
もしもお腹の子に
障害があったりして
うまく体内で育たない
なんてことがあったら…
それなら
子どもを産まないっていう
選択肢もある…？
バカバカバカ！
私なんてことを！
ぶんぶん！
とてつもない不安で
思考が錯乱
私を選んで生まれてこようと
している魂なのよ！

とにかく川上さんに話そう
七奈です ご連絡遅くなって ごめんなさい
今 お話しして大丈夫ですか?
大丈夫ですよ 返信がないので 心配してました
ごめんなさい… ちょっと バタバタしてて
で…あのう私 今日病院へ 行ったんです
ドキドキ…
えっ病院!? どこか具合でも 悪いんですか?
いいえ私… 赤ちゃんが できたんですっ
………
え〜!!

ボッ ボッ… ボクの子…
はい 川上さんの子どもです
わーい
本当ですか! 嬉しくて宙を舞いそうです!
ボクは子どもが好きだけど縁がないのかなって思っていたので本当に嬉しいです
そんなに喜んでくれるなんて…ありがとう
「川上さんが受けとめてくれなかったら」っていうあの不安はいったいなんだったんだろう
もしかして氏神様に行った時に後部座席に座ってた男の子ですか?
はい
神様が「子どもの星が来る」とお知らせしてくれた子だと思います

神様って 本当に
いるんですね
あの子は――
はい
私たちの
子どもです…
ああ神様
ありがとうございます！
一生の宝にします
今からあの子に
会えるの楽しみです
体大事にしてくださいね
はい！
ありがとうございます
川上に話してホッとした七奈は
高齢出産の不安はあれど
子どもを産むことを決意しました
おやすみなさい
ハカセに伝えたら
なんて言うかな

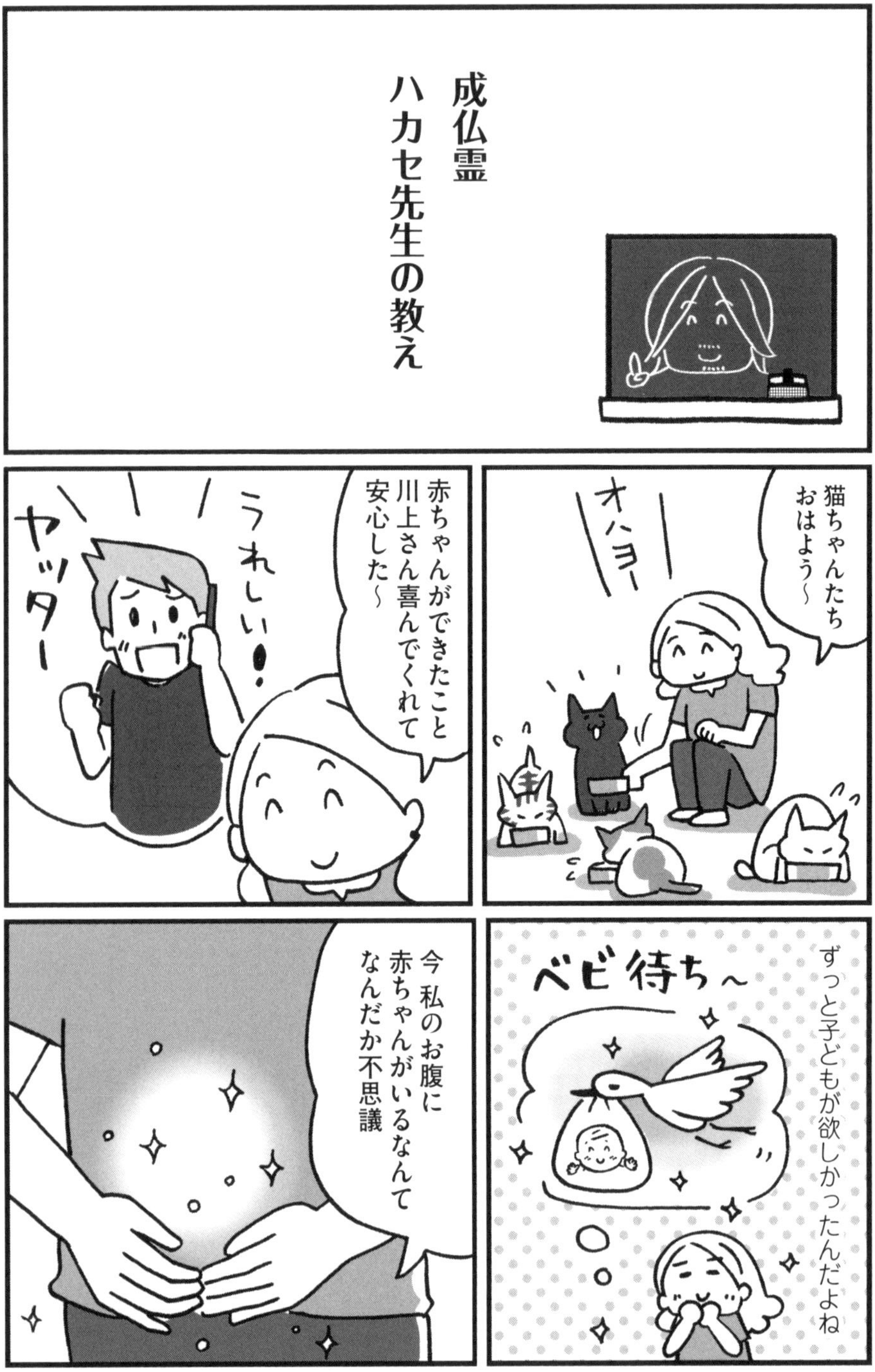
成仏霊
ハカセ先生の教え
猫ちゃんたち おはよう〜
オハヨー
赤ちゃんができたこと 川上さん喜んでくれて 安心した〜
うれしい！
ヤッター
ずっと子どもが欲しかったんだよね
ベビ待ち〜
今私のお腹に 赤ちゃんがいるなんて なんだか不思議

よしっ ハカセに 報告だっ!
ハカセー
今日は大切な 報告があるの
なになに どうしたの? かしこまっちゃって
うん実は 私ね… うーんと あのね…
もじもじ
なになに? もったいぶって~
私… 赤ちゃんができたの!
……
ちらっ

七奈ちゃーん
おめでと～う！
スゴーイ
喜んでくれるの？
ハカセに嫌われちゃうと
思ってた…
嫌うなんてそんなこと
あるわけないでしょ！
七奈ちゃんが
ママになるなんて
素晴らしいことだよ！
昔はボクたち妊活がんばってたもんね
でもそのあとボクの病気の
看病に明け暮れて…
ボクがいなくなったあとも
ひとりでがんばってたから
ハカセ
がんば！
きっと神様が
プレゼントしてくれたのかな
うん それは
本当にそうみたいなの
やっぱり！

昨日の夜 夢にA神社の神様が出てきて
七奈さんの元に生まれたがっている魂を授けることにした
A神社の神様がそう言ったの!?
A神社とは七奈が暇を見ては訪れていた日本屈指の神社
A神社ではおみこしから落ちた神様をお助けしたり
神様!
本殿移転の際 神様の引っ越しの手伝いをしたこともありました
移転先は居心地が悪い
わしをB神社に移してはもらえぬか?
お安いご用です!
その時
七奈さんには世話になりっぱなしじゃ礼はなにがよい?
お礼なんていりませんよ
そのあとすぐ氏神様からお知らせをもらったの
子どもの星が来る
そうだったんだ

命を授けてくれるなんて
神様ってすごいね！
神様から授かった命
大切に育んでいこうと
思ってるよ
ところで
パパは川上くん？
うぅん…
怒る……？
ねえ聞いて
七奈ちゃん
怒るわけないでしょ
ボンッ！
先生モード！
そりゃさ ボクも七奈ちゃんとの
子どもが欲しかったけど
ボクたちふたりの
生きる課題にはなかったことで
人生の課題
すべての人の共通点
『幸せに生きる』
願う
天国に旅立った魂
（身内
ご先祖）
だけど七奈ちゃんと
川上くんの人生の課題には
それがあった
ただそれだけのことなんだよ

これからの七奈ちゃんの将来に
起こるつらいこと悲しいこと
家族や友だちが先に天国に
旅立つなんてことがあった時
七奈ちゃんに寄り添う家族が
そばにいてくれたら
ボクも安心だし
七奈ちゃんも寂しくないでしょ？
だからボクに悪いと思ったり自分をおとしめたりしないでほしいんだ
そのエネルギーを生まれてくる子どもへの愛情にしなきゃ！
うん ありがとう！
それにね 川上くんならボクも安心！
七奈ちゃんを頼むよってお願いしてたのも無意識に見込んでのことだったのかも！
ハカセのお眼鏡にかなったんだね

七奈ちゃんの子どもなんて
嬉しいなぁ〜
もうボク天にも昇る気持ち♪
もう
昇ってるゾっ
七奈さん！
ハカセさんは
なんて言ってましたか？
大丈夫！
自分のことのように
大喜びしてましたよ
赤ちゃん
おめでと！
いや…でも
赤ちゃんの父親がボクって
ことについては…
たしかに
「七奈さんを頼むよ」って
言われましたけど
ここまでの想定では
なかったんじゃないかと…
ボク
そこまで
頼んで
ないケド
？

それについても大丈夫！「川上くんなら安心だ」って言ってましたよ
本当に〜よかった〜
生前からハカセさんの人柄を尊敬してましたけど本当に器の大きい人ですね
ボクますます男としてホレちゃいました
お線香上げさせてください
こちらですどうぞー
ハカセ川上さんがお線香上げてくれるよー
赤ちゃんが無事に生まれるよう七奈さんを見守ってください
大切な七奈さんの子どもも全力で愛し抜きます！
ボクも天国から子育て応援するよ！

七奈のスピ☆コラム①

天国からやってきた赤ちゃんの魂は、どの時点で胎内に宿る?

妊娠したらすぐに赤ちゃんの魂がママのお腹に入るかというと、実はそうでもないみたいです。私は妊娠2カ月を過ぎた頃、妊娠検査薬が陽性になったことで赤ちゃんがいると気づきましたが、その頃はまだ、赤ちゃんの魂は私のそばにいました。

次の検査で胎嚢《たいのう》という赤ちゃんの入る袋が確認できた時もまだ、赤ちゃんの魂は私のそばにいました。その翌週の検査で、ようやく心音が確認できた時、この時はもう、私のそばにいた赤ちゃんの魂は、いなくなっていました。このことから、赤ちゃんの魂は、心音の始まりと共に人として生き始めるのではないかと思います。

心音が始まるまでのお腹のなかは、魂を受け入れるための容器の状態。ですから、妊娠の超初期段階になにかしらの事情で流産してしまっても、そこに魂はまだ入っていません。つまり、もしもこの段階で流産なさった場合は、水子はいませんし、供養もいらないということです。もちろん、気持ちの整理や愛情としてご供養されることは素晴らしいと思いますが、一生懺悔《ざんげ》の念を背負って生きていく必要はないですよ。それよりも、これから生まれてくる命や、今ある命に情熱を注いでいかれてくださいね。

第4章

新しい幸せのかたち

生霊に要注意
妊娠がわかってからも忙しく仕事を続けている七奈
この日は取引先や占い師仲間など気のおけない6人でランチミーティングでした
中華料理
好吃苑
この6人で集まるの久しぶりね〜
みなさんなにか変わったことありました?
いやー先日生霊に憑《つ》かれたんですよボク
A社 D谷くん
ポリポリ
え〜〜!
それ女ね
タロット鑑定士B
なんでわかるんスか

急に体調が悪くなって病院に行ったら「腎盂炎《じんうえん》」って診断されたんです
ガーン
それがもう本当につらくて！
医
そのあと 仕事で久山先生と話をしてたら
じーー
ん？？
鑑定士 久山
どうもー
なんかすごいの憑いてるんだけど…
ええっ！
私のD谷くん…
大丈夫？
で…どうしたんですか？
その女性は彼の会社の同僚だったんだけど
D谷くんが他の女性と接するだけで嫉妬の念を大放出！一応除霊はしたけど…
生霊って生きてる人の念だから本人も気づいてないってのが困るよね
D谷くんもはねのけるくらいの強い心を持たないとね
姓名判断&占星術師 山根
生霊に憑かれると出る症状ってあるんですか？
A社 A倉さん

生霊に憑かれると ○疲れがとれない ○寝た気がしない ○物事がうまくいかない ○不運が続く ○変な夢を見る もっとひどくなると 家の中で人の気配を感じる なんてことがあるかも!
ハハハッ
ある意味 死んだ人の念より 怖いよな
ボク睡眠不足で しばらく疲れが とれなかったです
生霊が病気に したんじゃなくて 免疫力の低下で 病気になったんだな
でも守護霊様が 久山先生にめぐり会わせて くれたんだからよかったね
それ 必然よー
じーー
で―― 七奈さんさぁ それ…
実はずっと 気になるものが 視えてるんだけど
七奈ちゃんに なにか 憑いてるの?
仕事柄いろんな 霊が寄ってきそう だもんね…

うん… そういうんじゃなくて
じーー…
男性の肩周りに魂がある時は亡くなった人の霊か生霊なんだけど
生霊は嫉妬や恨みの悪い念
女性の場合はそのほかに生まれてくる子どもの魂の場合もあるんだよ
ボクも生きてる
七奈さんのは見た目キレイな魂で怨念て感じでもないし…
今ここに仲の良い人しかいないから聞いちゃうけど
七奈さんもしかして
ご懐妊？
…はい 実はそうなんです

えーーー!
テレますなあ〜…
おめでとう!
やったね七奈ちゃん!
えっでもお父さんて……
まさかハカセじゃないよね
うん昔からの知り合いでハカセも知っててね
かくかくしかじかーー
というわけなの
そうだったんだ〜ずっと七奈ちゃんひとりで大変だったもんね

ハカセも七奈ちゃんを助けてくれる人が現れて安心してるんじゃない？
私も早くにオットを亡くしてるからすごくわかる！
そお？
ボクがハカセさんならちょっとショックかな頭では奥さんの人生を応援しなきゃとは思うけど…
実際自分以外の人との子どもができたら素直に喜べるかなぁ
うん普通そうだよね正直に言ってくれてありがと
生前はハカセと一緒に不妊治療までしてたのに新しいパートナーと早々に子どもができて申し訳ないって思ってたの
ハカセに何て言えば…
でもハカセは素直に喜んだでしょ？
嬉しいって言ってくれました
あーん
成仏した今 新しい命に眉をひそめるようなみみっちい心はないと思うよ
ハカセはそういう人！

すいませんねぇ みみっちくて
あはは 違う違う！
生きてる人間にとっては そういう思いも自然の感情
怒り 憎しみ 悔しさ 悲しみ あらゆる感情がめまぐるしく 行ったり来たりする
どうやってその感情と 向き合うかも人生の課題の ひとつなんだから それでいいんだよ
うん うん
なるほど もっと 精進します
そうしたまえ
君は特に女性に 気をつけるように
もう生霊は カンベン！
あはははっ！
視える人には 視えちゃうん だね

自分の名前は
生まれる前に
自分で決める!?
なまえ辞典
ただいまー
おかえりなさーい
先生!
どうしたんですか
その荷物!
たしか病院に
行ってたんですよねぇ?
うん 定期健診で
今日 担当医に
言われたの
この年齢で初産なのに
数値になんの異常もない…
これ学会発表レベルかも!
うーん…
見落としが
ないか不安に
なるほどです!
私つわりや
マタニティブルーも
ないんです!

こうして元気に仕事ができるのも 仲間やゆうちゃんのサポートのおかげ!
ありがと!
順調でなによりです!
……で? その荷物は…
あっこれ?
経過が順調だったのが嬉しくて
オフィス戻る前にちょっと寄ってもいい?
わぁー
Baby's
ベビー洋品店に寄ったらもうどれもかわいくて!
それでお買い物を
ハカセさんもいましたよね?
わかるー?
さすがのハカセアンテナ!
お店で一緒にベビー服を選んでくれてたわよ
どう?
うんうん それいい!

ピンポーン
お約束のお客様じゃないですか？
失礼します
どうぞー
先日はどうもー
山根さん！今日は来ていただいてありがとうございます
持ってきましたよ名前の鑑定！
山根さんは複数の占星術と姓名判断のスペシャリストと七奈さんから聞いてます
いやいや
あっ あなたが父親の？
はじめまして川上といいます！
名前を決める大事な日なので今日はハカセも来てるんですよ

あらためて…ハカセさん いつも七奈さんと子どもの 健康を支えてくれて ありがとうございます！
ねぇねぇ 七奈ちゃん
川上さん ハカセがね
「こちらこそ いつもボクの食事の用意とか」
ありがとー
「仏壇の掃除をしてくれて ありがとう」
ふき ふき
「七奈ちゃんより 配膳も掃除も キレイでありがたい」 ですって
ハカセさん！ ほかにも注文が あればなんなりと！
うーんと…
サンキュー♥
つん
コホン… そろそろ本題に 入って よろしいかね？
は… はいっ

運命の瞬間！緊張する！
よろしくお願いします
山根は姓名判断でいくつかの名前案を用意してその吉凶を説明しました
そして最後七奈さん案の「瑞樹《みずき》」くん
瑞樹
みずき
感性豊かで人並外れた才能を持つ画数です苗字と合わせた画数でも吉数ですよ
2人が賛成してくれるなら「瑞樹」に決めたいんだけどどうかな？
ボクは賛成です！
ある日突然「みずき」って名前が降りてきたんですよね？
そうなの！この間ね…

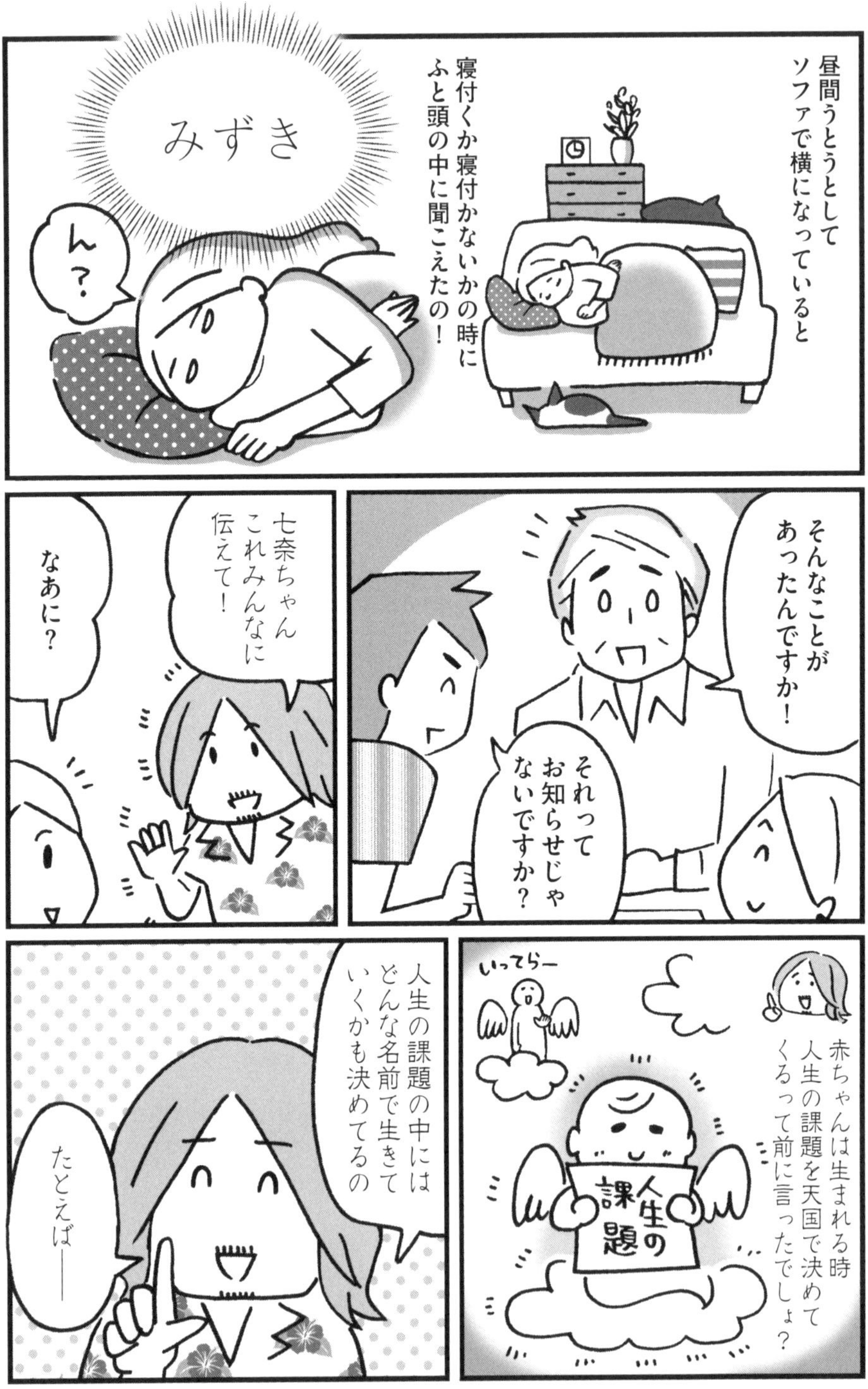
昼間うとうとして
ソファで横になっていると
寝付くか寝付かないかの時に
ふと頭の中に聞こえたの！
みずき
ん？
そんなことが
あったんですか！
それって
お知らせじゃ
ないですか？
七奈ちゃん
これみんなに
伝えて！
なあに？
赤ちゃんは生まれる時
人生の課題を天国で決めて
くるって前に言ったでしょ？
いってらー
人生の課題
人生の課題の中には
どんな名前で生きて
いくかも決めてるの
たとえば――

親が名前を決めてたのになにかの事情で付けられなかったとか
お隣さん
名前は○美って名付けたの
つけようとしてた名前と同じ!!
出生届を出す時に名前を書き間違えたり
まさる 大 がいい!
戸籍係
ふとし 太 にしたい
まさる 大 くんかあ…
受理
出生届
そんなハプニングがあった時は親のせいでも間違いでもなく必然!
赤ちゃんが決めた名前になっただけなの
だそうですよ
ほう!
じゃあやっぱり七奈さんのもとに降りてきた「みずき」がこの子が望む名前なのかも
うんうん
ハカセも「そうだ」って

では「みずき」に山根さんが姓名判断してくれた漢字をあてて
「瑞樹」で!
瑞《みず》樹《き》
この名前に決めましょう
いい名前だと思いますよ
瑞樹〜もう少しで会えるねママ楽しみだよ
あっ
今瑞樹が動いたかも!
ほんと!?
きっと喜んでるんだね!
こうして生まれてくる子どもは「瑞樹」と名付けることに決まりました
瑞樹

幸せは
自分の心が生み出す
贈り物
満月前夜
七奈は翌日の帝王切開出産のため
入院していました
今日の飲食は控えてくださいね
緊張しないでゆっくり休んでください
どうして満月の日を出産予定日にしたの？
月の満ち欠けと女性の体とは不思議な関係性があるの

普通分娩でも
実際に満月に出産が多いと
言われているんだよ
だからお産ができるだけ
スムーズに行くように
そんな願いもこめて
満月の日にしたの
そうなんだ…
男にはイマイチ
わかんないけど
そういうものなんだね
明日は瑞樹に
会えるよ
楽しみに待ってて！
じゃあ今日は
そろそろ休もうか
うん
翌日
産婦人科
分娩室
Delivery room
オギァーオギァー
流光さん！
元気な
男の子ですよ～

流光七奈
様
七奈は無事に元気な男の子を出産
すやー
デレ～～
七奈さん がんばったね 本当にお疲れ様！
やっと会えたね 瑞樹くん！
瑞樹 あらためまして こんにちは
生まれてきてくれて ありがとう 今日からよろしくね

あっ！ハカセが来てくれたみたい
えっ!?
七奈ちゃんホントにおめでとう
ハカセありがとう～
お義母さんも来てくださったんですね！
先に他界したハカセの母
七奈さんおめでとう良い子に育ててるのよ～
なんだか…この部屋すっごく密度を感じるんだけど
あなたやっぱり霊感あるわ
視えないかもしれないけど今たくさんのご先祖様に祝福されてるところよ
苦しゅうない！
そうなの!?

0才
感動の赤ちゃん誕生に
浸っているのもつかの間
育児に翻弄される
忙しい日々が始まりました
わーん
オムツ？
ゴハン!?
そろそろ
オッパイの時間だから
お腹がすいたのかも！
MILK
6ヶ月
寝返りうった〜！
パチパチー
ゴローン
パタン
月日は流れ
1才
トトーン
トトーン
あー
そろそろ
おでかけも
できそうかな
1歳を過ぎた頃から できるだけ
たくさんの経験をさせようと
いろんな場所に出かけていました
なかよし
PARK

あー
FOODCOURT
フードコート
Coffee
ねぇ そろそろ
新幹線で遠出して
A神社に行かない？
七奈さんが
よく行ってた神社！
瑞樹を授けてくれた
お礼も言いたいし
ボクも一度
行ってみたいな
今日の幸せがあるのも
A神社の神様の
おかげだもんね
でもその前に
赤ちゃんの授かりを
知らせてくれた
氏神様に 瑞樹を
会わせましょうか
んー
そういえば出産後ふたりで
お礼に行ったきりだったね
よし！ さっそく氏神様に
出向いてみよう
あーうっ！
愛想いい→
かわいい～♥
すみません…
キャッキャッ
満面→

翌日
本殿
駐車場
さっそく瑞樹を会わせるため
氏神様を訪れました
ねえね!
ねぇね?
ねぇねー
やっぱり…
なに?
どうしたの?
ねーねっ
もしかしてとは
思ったけど…
キャッ
キャッ
瑞樹 弁天様が
視えてるみたい

ねぇね（姉ね）って言ってる
ねぇね♪
そなたが瑞樹殿かよくいらした愛らしいお顔じゃ
七奈殿
はいっ！
誰と話してんの？
ねーえねー
はいわかりました
キリッ

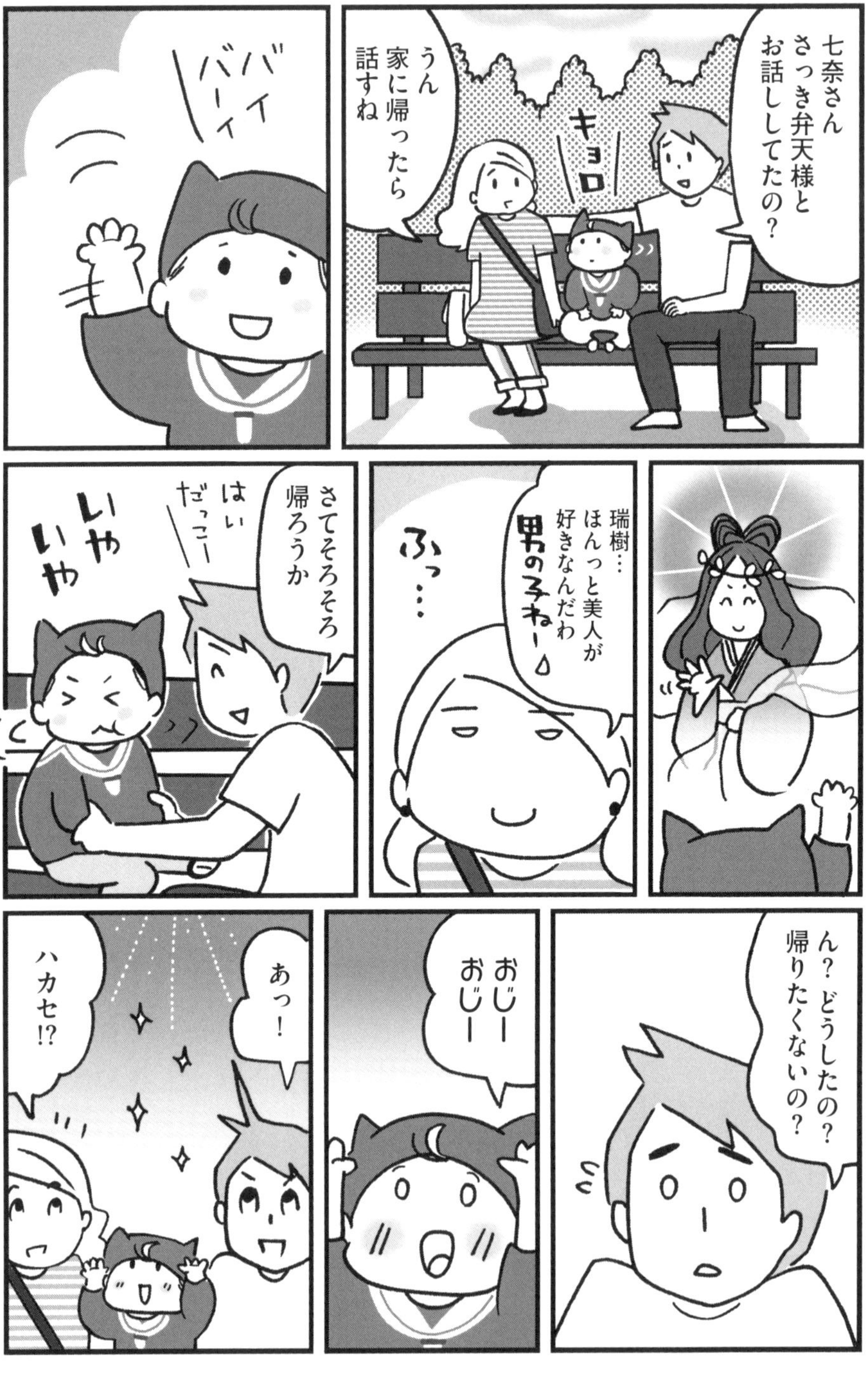
七奈さん さっき弁天様とお話ししてたの?
キョロ
うん 家に帰ったら話すね
バーイ バーイ
瑞樹… ほんっと美人が好きなんだわ
男の子ねー
ふっ…
さてそろそろ帰ろうか
はい だっこー
いや いや
ん? どうしたの? 帰りたくないの?
おじー おじー
あっ!
ハカセ!?

ハカセ来てたのね
全然気づかなかった！
ボクも
赤ちゃんの
お知らせをくれた
弁天様にもお礼を
言いたくてさ
瑞樹♪
ちゃんとご挨拶するの
はじめてだよね
あらためて
よろしくね
ほっこり…♡
おじー
おじー♪
瑞樹にはハカセさんが
視えるんだね
ちょっとうらやましいな
あ〜う〜う〜うっ
ん？

ハカセも一緒に帰ろうって言ってるのね
そうだね一緒に帰ろうね
うんうん
おウチ？行く行くー♡
雨も降りそうだし急ごうか
そうね
キャッキャッ
ザーッッ
ZZZ
すやすや
今日はずっとおんもで疲れたかしら
ぐっすり寝てる〜かわいいね〜
ハカセが「かわいい」だって
そうだ今日は弁天様になんて言われたの？
うんあの時ね

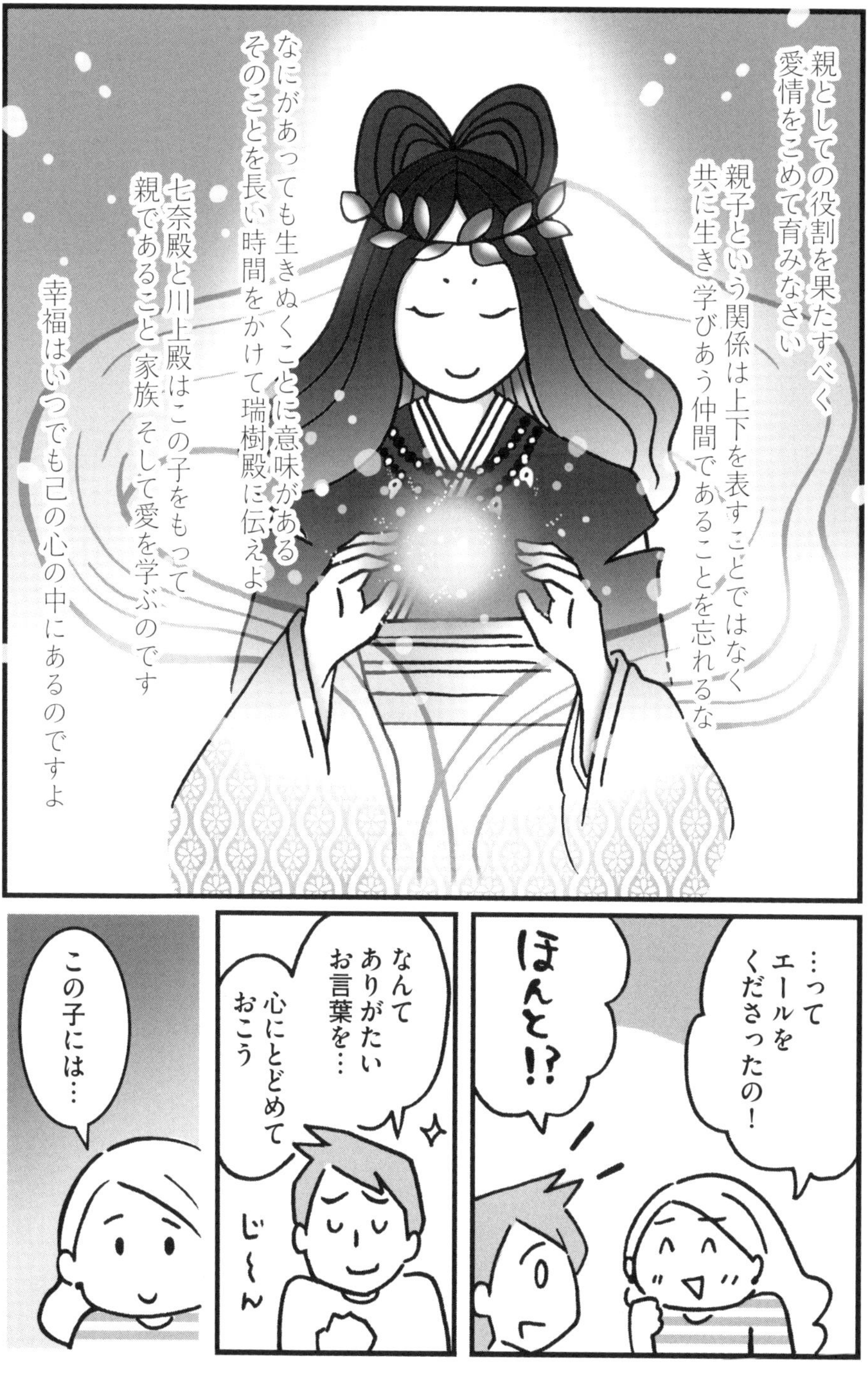
親としての役割を果たすべく
愛情をこめて育みなさい
親子という関係は上下を表すことではなく
共に生き学びあう仲間であることを忘れるな
なにがあっても生きぬくことに意味がある
そのことを長い時間をかけて瑞樹殿に伝えよ
七奈殿と川上殿はこの子をもって
親であること 家族 そして愛を学ぶのです
幸福はいつでも己の心の中にあるのですよ
…って
エールを
くださったの！
ほんと!?
なんて
ありがたい
お言葉を…
心にとどめて
おこう
じ～ん
この子には…

優しさと思いやりを持って
自分の力で幸せを見出せるような
そんな子に育ってほしいな
幸せは自分の心のあり方次第で
いつでも生み出せるってこと
それは伝えていこうね
でも責任重大…
神様が思うような
子育てがちゃんと
私にできるかな
神様は七奈ちゃんに
プレッシャーを
与えようとして
言ったんじゃないよ
パパとママが
完璧である必要なんて
ないんだ
これから子育てに悩んだり
壁にぶつかることも
あるかもしれない
チームファミリー
ONE TEAM
今ここに出会った魂は
成長を共にする家族という名のチーム!
ひとつひとつ丁寧に解決していけば
それでいいんだよ

そうだよね みんなそうやって がんばってるん だよね
七奈ちゃんと 川上くんなら 大丈夫だよ 自信持って！
七奈さん！
雨が上がった みたいだよ
ねぇねぇ ハカセがね
「私と川上くんなら 子育て大丈夫」 だって！
ボクたち ハカセさんや ご先祖様 神様にも守られて 幸せだねっ！
ガラッ
あっ
ボクも幸せ！
本当に… 幸せだね
家族が増え 新たな人生のスタート！ 期待と不安 そして大きな愛が 心に芽生えた七奈なのでした

七奈のスピ☆コラム ②

満月と出産は密接に関係しています

満月の日は出産が多いとか、安産になるという噂を聞いたことはありませんか？　これは月の満ち欠けが関係していると言われています。満月は太陽と月と地球が一直線上に並ぶ時に起こる現象です。太陽と月の引力がもっとも強くなり、海面が引っ張られ、海は大潮となります。この時の海水の満ち引き、いっけん人間とは無関係のようでいて、実は密接に関係しているんです。

人の体は半分以上が水で占められています。そのため、海水が月に合わせて満ちたり引いたりするのと同じように、人の体も月の満ち欠け、つまり引力の強弱に左右されます。満月の日は、月の圧倒的な吸引エネルギーが働きますので、生理や陣痛がスムーズに引き起こされると考えられています。また、月が約29日かけて公転することが女性の生理周期と似ていることから、月の動きと女性の体にはなにかしらつながりがあるとも言われています。

私は帝王切開でしたので、満月の日を選んで出産しました。自然の流れに合わせたとは言い難いですが、やはり子どもが安全に、そして健康で生まれてくるために、できることならなんでもしておきたいですからね。

瑞樹だけでなく、すべての子どもたちは、天から降りてきた授かりものです。もちろん今これを読んでくださっているみなさん自身も、天国からやってきた天の子です。なにがあっても、生きていること自体に意味があるんですよ。

エピローグ

お疲れ様です！オフィスに届いていた資料お持ちしました
家までありがとう！
こちらに置きますね
今 お茶いれるね
鑑定以外の仕事をこっちでしてるとなかなか郵便物取りに行けなくて
瑞樹くんにも会いたいから大丈夫ですよ
瑞樹くんこんにちは〜
ターッチ
あーうー
デレー
きれいなおねえさーん♥
ごきげんでちゅねー

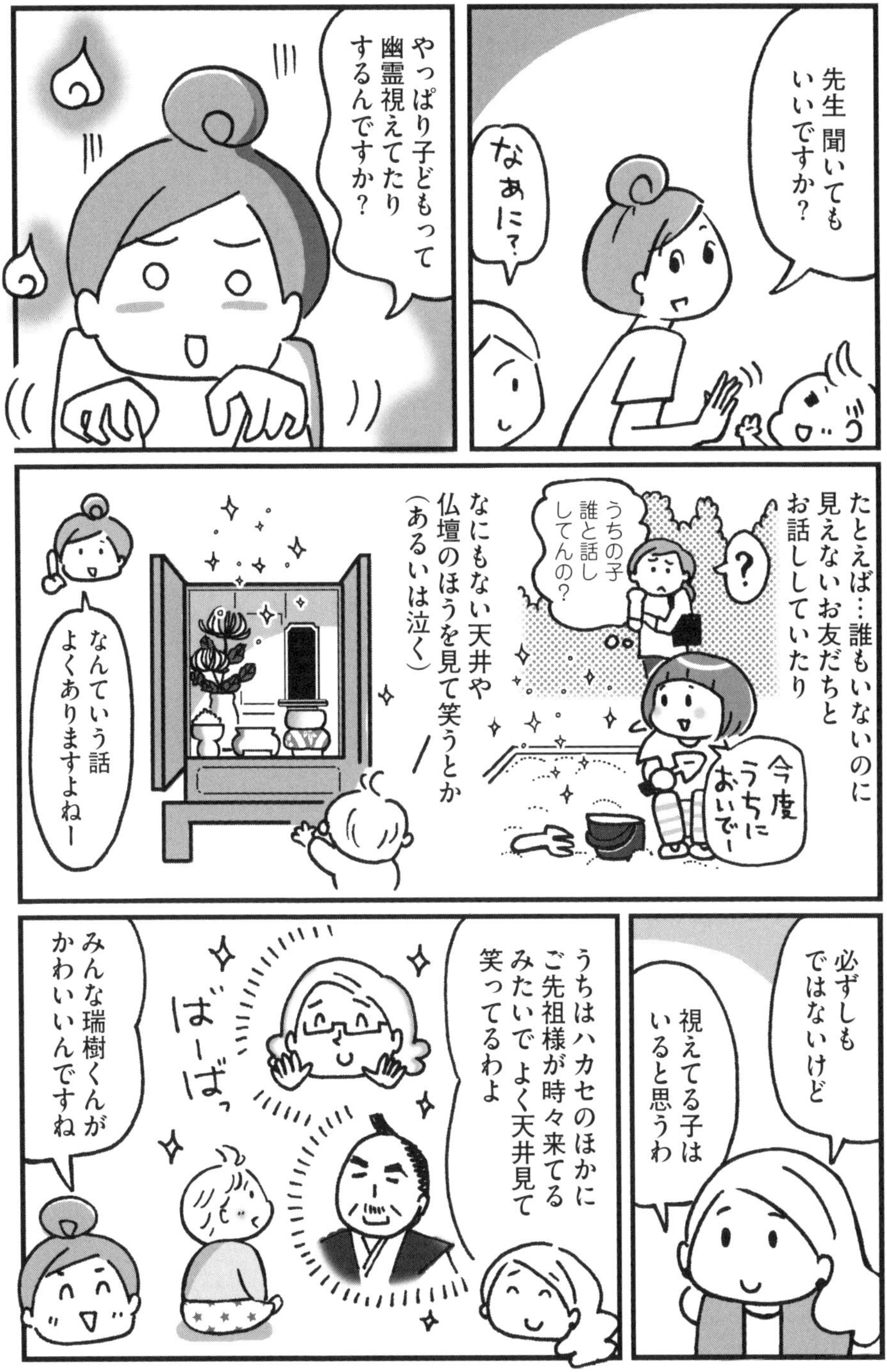
先生 聞いても いいですか？
なぁに？
やっぱり子どもって幽霊視えてたりするんですか？
たとえば…誰もいないのに見えないお友だちとお話ししていたり
？
うちの子誰と話ししてんの？
今度うちにおいでー
なにもない天井や仏壇のほうを見て笑うとか（あるいは泣く）
なんていう話よくありますよねー
必ずしもではないけど
視えてる子はいると思うわ
うちはハカセのほかにご先祖様が時々来てるみたいでよく天井見て笑ってるわよ
ばーばっ
みんな瑞樹くんがかわいいんですね

子どもが視えやすいのは あの世から来て間もない というのもあるけど
天国とのつながりが強い状態
無垢でピュア
魂がピュアで感受性が強く 見たものに対して疑いを持たない からだと思うわ
そんな時 パパやママは どういう対処をすれば いいんですか？
視えちゃう子どもの対処法
ムリに否定せず さらっと受け流してあげてね
さらっと GOOD
そっかぁー そうなんだね
子どもの自尊心を傷つけません
否定したり同調のしすぎはNG
否定 NG
そんなの あるわけない！ 嘘つかないで！
頭ごなしに否定されると 自尊心が傷ついてしまいます
同調 NG
オバケが視えるの？ スゴーイ！
同調しすぎると「幽霊が視えることはスゴイ」と認識して周囲に自慢して怖がらせてしまうかも
成長とともに 固定観念や常識が 身につくと自然と 視えなくなるものよ
私みたいに大人になっても視えちゃうパターンは稀よ稀！
わーん！
どうした みーくん！

もしかして テレビの幽霊が 怖いの…？
うりゃあ〜
本物の幽霊は 大丈夫なのに？
ひーっひっひっひひひ〜
さすが七奈先生の 子どもさんだわ
うふふ
ではそろそろ オフィスに 戻りますね！
お疲れ様 助かったわ！
バタン
おじー おじー
あれっ 今度はハカセが 来たのかしら
みーずきっ♡ 今日も来ちゃった♡
ハカセ いらっしゃい
あーっ
家事に仕事に育児に 七奈ちゃんすっごく がんばってるね

ママになってからの
七奈ちゃん
キラキラしてて
すっごく
いい感じ！
ハカセー
瑞樹が生まれた時
病室にハカセや
ご先祖様が
来てくれたでしょ？
誰もがみんな
生まれる前から命尽きるまで
空からこうして見守られ続けてる
最高の人生にするんだぞー！
ひとりじゃないよ
がんばれ！
神様に与えてもらった命
前向きに生きることが
天国で守ってくれてるみんなに
応えることなんだよね
ハカセが死んじゃった時は
本当につらくて悲しくて…
ハカセ！
生涯ずっとひとりで
いるんだって思ってた
残念ですが
ご臨終です…
でも新しいパートナーと出会って
ふたりのところに瑞樹も来てくれた
だから前を向いてちゃんと未来を
生きなきゃって心から思えたの

人生の課題を
クリアするって
あの世で約束して
来てるんだもん
精一杯
生きなきゃ！
鑑定に来られる
お客様にはそう
言ってるのに
だめねー
自分のこととなると
なかなか行動
できなくて
私の人生の課題は
まだまだてんこ盛り
かもしれない
けど
でも私
がんばる！
前向きな
七奈ちゃん
サイコー！
瑞樹のためにも
もっと私
強くなるね
うんうん
ボクはずっと
空から
見守ってるよ

最後にボクから
これを読んでいる
あなたへ！
MESSAGE
FOR YOU

あの世に帰る魂があれば
生まれくる魂もあります

ゆく魂
くる魂

天国から来た「天の子」として
今この時代に生きていること
それには大きな意味があるんです

あなたは全力で生き抜くことを
神様と約束しています

この世は学びと修行の場です

「苦労」を課題にすることはあっても
「不幸」を課題にして生まれてくることは
決してありません

あなたを見守る見えない存在が
いつもエールを送っていることを
忘れないでください

最高だったと言える人生に！
あなたならきっとできるはず！

幸せはいつも
あなたの心の中に

あとがき

いつも「ダンナさまは幽霊」シリーズをご愛読くださっている読者のみなさま、こんにちは。

「ダンナさまは幽霊」第1作目が出版されてから、早いものでもう3年。当初はこんなに長くシリーズが続くとは思ってもみませんでしたが、このたび、ついに4作目となりました！

これも、いつもハカセと七奈の物語を楽しみにしてくださっている読者のみなさま、漫画家の宮咲先生、「ゴーストライター」の力武さん、編集の齋藤さん、その他多くの方々に支えていただきましたおかげです。また、たくさんの方々に「ダンナさまは幽霊」シリーズを読んだことで、気持ちが楽になった、とおっしゃっていただいて、これほど嬉しいことはありません。

さて、シリーズ4作目となる本作ですが、いよいよ七奈とハカセの物語はグランドフィナーし、クライマックスを迎えることとなりました。3作目をお読みになった方はきっと、「思わせぶりな展開!! 先が気になる〜！」と、モヤモヤされていたかもしれませんね? 実際に、鑑定にお越しいただいた何人ものお客様からも、「この先はどうなったんですか!?」と聞かれましたが、「近々続きが出ますので、乞うご期待です！」と焦らしておりました（笑）。本作をお読みいただいてスッキリしていただいたことと思います。

また、本作の最大のテーマである「大切な人との愛や絆は、たとえ死に別れたとしても、どのような道を選んでも、決して途切れることはなく永遠に続くものである」ということが、うまくお伝えできたのではないかと思います。

大切な人を亡くすという経験は、誰にとっても、人生の多々ある試練の中で、もっともつらく悲しい出来事だと言い切っても過言ではないでしょう。私自身もそのようなつらい経験をしましたが、これからの人生、まだまだ悩んだり迷ったりすることがたくさんあることと思います。ですが、ハカセがあの世から教えてくれることや、いつでも側で寄り添ってくれていることが確信できているので、なにがあっても前を向いてがんばっていけそうです。「死」はお別れではなく、新たな出発なのですね。

そして、私にはもうひとつ確信していることがあります。

それは、亡くなった大切な人との愛や絆は、私のような人間だけにでなく、すべての人に起きているということです。たとえ視えなかったとしても、感じられなかったとしても、そんなことはまったく気にする必要はありません。大切な人は、必ずあなたのそばにいます。ただ素直な気持ちで受け入れてみてくださいね。

七奈とハカセの物語は、本作でいったんおしまいとなりますが、二人の日々はこれからも長く続いていきます。また、いつか物語の続きをみなさまにお届けできる日が来ること、そして、読んでくださった方の人生が豊かで喜びに満ちたものになりますことを、心から願っております。

本当にありがとうございました。
また会う日までお元気で。

2020年9月吉日
流光七奈

ダンナさまは幽《ゆう》霊《れい》

天国《てんごく》から愛《あい》をこめて

コミックエッセイの森

2020年9月16日　第1刷発行

〔原　作〕　流光《りゅうこう》七《な》奈《な》

〔漫　画〕　宮咲《みやさき》ひろ美《み》

〔ライター《ゴースト?》〕　力武亜矢

〔装　幀〕　坂根 舞（井上則人デザイン事務所）

〔本文DTP〕　松井和彌

〔編　集〕　齋藤和佳

〔発行人〕　堅田浩二

〔発行所〕　株式会社イースト・プレス

〒101-0051 東京都千代田区神田神保町2-4-7 久月神田ビル
TEL 03-5213-4700　FAX 03-5213-4701　https://www.eastpress.co.jp/

〔印刷所〕　中央精版印刷株式会社

ISBN978-4-7816-1916-3 C0095